答えのない世界に立ち向かう哲学講座

AI・バイオサイエンス・資本主義の未来

岡本裕一朗

早川書房

答えのない世界に立ち向かう哲学講座

——ＡＩ・バイオサイエンス・資本主義の未来

本書について

本書は、二〇一七年六月から一一月にかけて『ＷＩＲＥＤ』日本版が開講したビジネスパーソン向け哲学講座、「ＷＩＲＥＤの哲学講座」を書籍化したものです。

この講座では、『いま世界の哲学者が考えていること』（ダイヤモンド社）などの著作で知られる玉川大学の哲学教授、岡本裕一朗氏をメイン講師に迎え、「企業内で新規事業創出に関わっている方」「新しいビジネスを生み出そうとしている方」「リーダーシップを発揮し組織を率いていく方」という募集要項のもとに集《つど》った四〇名（男性二八名、女性一二名）が、全八回にわたるプログラムを受講しました。

講座の本篇（第2講から第7講）は「人工知能」「バイオサイエンス」「資本主義社会のゆくえ」の三つのパートからなり、各パートは二つの回からなります。はじめの回は、メイン講師の岡本氏によるレクチャーです。ここでは古今の哲学者たちの思考を学び、現代の諸問題に向き合うためにそれをどのように用いることができるのか、考え方の方向性を探ります。次の回ではそのテーマに詳しい専門家をゲスト講師として招き、具体的な議論を深めていきます。
これに初回（第1講）と最終回（第8講）を加えた全八回が講座の全容で、本書の構成もこれにのっとっています。さらに、各パートの冒頭には受講生が事前に読みこんだ「課題図書」の解説を収録、各パートおよび第1講の終わりには、受講生に配布された岡本氏による「ブックガイド」を収録しています。あわせてお役立てください。

早川書房編集部

CONTENTS

PART 2 バイオサイエンス

装幀　早川書房デザイン室

第1講

哲学とは何か、現代の視点から見定める

人生論でも、ハウツーの知識でもなく

岡本　哲学といえば、かつて日本では著名な哲学者の学説を学んだり、人生論を説教したりするウサン臭い学問のように見られてきました。しかし、そんな哲学のイメージは、いまではすっかり古くなっています。

哲学はもともと、**自らが生きる時代においていったい何が起こっているのか**、絶えず問い直すアクチュアルな学問です。そのため、歴史の大きな転換期には、いつも哲学の活発な活動が展開されています。

そして現代がまさに、そうした時点であると考えられます。

哲学は、決して一部の哲学研究者や好事家《こうずか》のためのものではありません。むしろ、**時代を切り開いていくアクティブで知的な人々にこそ、必須のアイテム**といえるのではないでしょうか。この講座では、単なるハウツーの知識を身につけるのではなく、幅広い視野のもとで、決定的な自己飛躍を図っていただきたいと思います。

それではさっそく、「こんなときどうするか」という視点で、具体的な問題をいくつか考えていきましょう。

問題1 生贄《いけにえ》の儀式

探検隊が未開の島を探検します。さまざまな困難を克服しながら、やっと島の中心部にたどりつくと、驚くべき光景が待っていました。

子どもと女性が生贄の儀式に供されようとしていたのです。

隊長は即座に、「銃と弾薬で彼らを助けよう、われわれにはそれができるんだ」と隊員に主張します。

そのとき、「ちょっと待て」と、探検隊に同行していた人類学者が口を挟みました。

「この土地には独自の文化や宗教があるので、部外者のわれわれが干渉したり介入したりするのは間違いだ」

われわれは西洋の文明人の基準や考えを持ちこんではならない、彼らは彼らなりの考えにもとづいて生贄の儀式を行なっているのだから、異文化は尊重すべきだ、というわけです。

これを聞いた隊員はどうするべきでしょうか。

隊長はさらにこういいます。

「では、生贄にされる人たちは死んでしまうぞ」。たぶん、そのとおりでしょう。

人類学者はこう答えます。

「彼らは喜んでいるかもしれないじゃないか。生贄は名誉ある役割で、やめさせれば、彼らは悲しむかもしれない。果たしてわれわれにやめさせる資格があるのか」

さて、あなたはどちらの考えに賛成しますか？

問題2 食人部族

ヘロドトス*の『歴史』に出てくる、ペルシア王の話です。[1]

ペルシア王は、死者に対して異なった習慣を持っている二つの部族を呼び出しました。ギリシア人とカッラティアイ人です。カッラティアイ人はインドの部族で、死者の肉を食べる習慣を持ち、ギリシア人は死者を火葬します。

ペルシア王は、彼らに通訳をまじえながら質問をしました。ギリシア人には、「どのような報酬があれば、お前たちは死んだ父親の肉を食べるか」と問いました。当然、ギリシア人は「いくら大きな報酬をもらっても、絶対にそんなことはしない」と答えます。

一方、カッラティアイ人には、「どのような報酬があれば、死んだ父親を火葬にするか」と問います。するとカッラティアイ人は「そんな恐ろしいことはできない、二度とそんなことは口にしないでください」と答えました。

ヘロドトス（紀元前5世紀）
古代ギリシアの歴史家。「歴史の父」と呼ばれる。ペルシア戦争を主題に、自身の大旅行で得た見聞を交えて『歴史』を著した。

さて、どちらの習慣が正しいのでしょうか？

ギリシア人の習慣が正しいと思う人は、「人の肉を食べるなんて、人間としてとてもできない」と考えるかもしれません。あるいは「不潔ではないか」と思う人もいるかもしれない。しかしこの判断の根拠は、ギリシア人の習慣が現在の私たちの習慣と同じだからということだけです。それだけでギリシア人の「死んだ父親の肉は食べられない」という考え方を正当化できるのでしょうか。

カッラティアイ人になったつもりで考えてみます。**火葬するとすべてが消滅して、その人は無に帰してしまう。こんなに悲しいことはない。死者の肉を食べることによって、その人が自分のなかで生き返るのではないか。**だから火葬して完全に無になるよりは、死者の肉を食べることによって、その人が自分のなかで復活するほうがよい。こうした食人の論理を、どのように考えたらよいでしょうか。

問題3　強制結婚

イスラーム圏には、九歳前後で結婚させられる少女たちがいます。古典イスラーム法の一般的な解釈では、九歳になると一人前だと考えられているからです。

多くのイスラーム教国では結婚最低年齢を一五～一八歳としていますが、サウジアラビアやイラクはイスラーム法を厳格に守り、九歳で成人となることを法制化しています。また、結婚最低年齢を定める法律そのものがないイエメンなど、九歳未満で結婚する女児が多い国もあります。その結果、性行為による内臓損傷などで亡くなる女児もいるといいます。

このような状況について、どう考えますか？

こうした児童婚はイスラーム法の考え方のもとで行なわれている慣習の一つですから、西洋的な基準によって「おかしい」というのは僭越《せんえつ》ではないでしょうか。「人権に反している、だから子どもを結婚させるというのは非人道的だ」と、国連はいうでしょう。でも、**人権という概念は当然、西洋近代の基準**です。これをイスラーム社会に当てはめるのは、まったく違う習慣を相手に強要するようなものであるとはいえないでしょうか。

というわけで、三つの問題を出しました。

一つめは、探検隊の話です。隊長が正しいのか、人類学者が正しいのか。このときに、あなたが隊長でもなく人類学者でもなく、隊員だったら、どういう意見を述べますか。

二つめに、死者を火葬するギリシア人と死者の肉を食べるカッラティアイ人、どちらの習慣が正しいのか。

最後に、イスラーム圏の児童婚に対して、「少女の人権を侵害しているからやめるべきだ」と主張するのは正しいのか。

以上三つの問題について、グループに分かれてディスカッションしてください。ある程度ご意見がまとまったら発表していただこうと思います。

（五人程度のグループに分かれて一〇分間のディスカッション）

岡本　では、発表をお願いします。

男性A　不可逆かどうかと、意図に反するかどうかという二つの観点から議論しました。

特に一問めの、隊長と人類学者の対立では、今日儀式をやめさせないと、生贄になる人たちの命は絶対に不可逆ですよね。それに対して、儀式は明日の夜でもいいのか、それとも二〇年に一度の今日じゃないと絶対にダメなのか、その不可逆さがポイントではないでしょうか。

それと、本人の意図に反するのかどうか。強制されているのかどうかということです。三問めの、イスラーム圏の結婚制度であれば、女性の早期の出産が人体に不可逆的な悪影響を及ぼすことと、女性側に選択権がないことが問題になる。

岡本　不可逆かどうか、そして意図によるかどうかという観点から考えなくてはいけないだろうということですね。

この観点から話し合われた方は？

結構いますね。

ただ、「本人が望んでいるかを考慮すべきで、本人が望んでいたらよいだろう」という考えそのものが、近代的な西洋の発想ではないでしょうか。人類学者ならば、「西洋的な考えを異文化に当てはめているだけじゃないか」と批判しそうです。

それから、不可逆かどうかは、少なくとも彼らとコミュニケーションをとらないとわかりませんよね。コミュニケーションをとる以前には考慮しづらい観点かもしれません。

他のグループの方はどうでしょうか。

男性B　判断の基準をどこに置くのかという議論になりました。自分が西洋の立場にいるといわれればそのとおりなのですが、どちらにしても個人の基準で決めるしかありません。批判を全部飲みこんだうえで「私だったら助けたい」「助けるしかない」という意見が出た一方で、相手の考えはわからないのにそれはどうなのか、という意見もありました。

岡本　最終的には自分自身が置かれている価値観で判断するしかない、と。逆にいえば、どれが正しいという根拠づけはできやしないのではないかと。そうするとやはり、国際社会での国連の立場をどう考えるべきかが問題になりますね。

男性C　一問めの生贄の儀式の問題は、隊長の意見に従うほうが得ではないかと話しました。隊員は隊長の下でずっと行動するわけですから。これがもし隊員同士の争いで、隊長が判断するシチュエーションなら難しいけれど、そこに設問の穴があって、簡単だったなと（笑）。

岡本　正しいか正しくないかでは判断しないわけですね。隊長についていったほうが指揮系統としてはうまくいく、そういう点で判断すると。正しいか正しくないかに関する問いは発しないに限る、ということにもなりそうです。

相対主義がどこまで通用するか

岡本　一言でいえば、これらは**文化相対主義**の問題です。文化相対主義というのは、次のような考え方です。「各文化には、それぞれ独自の考え方や見方がある。異なる文化間では共通の基準がなく、優劣を決めることはできない」。

図1を見てください。A文化圏の人はアヒルだというでしょう。アヒルに見えまし

図1　アヒル？　ウサギ？

た？　一方、B文化圏の人はウサギだといいます。どちらの見え方が正しいのかという問いは、意味のある問いだと思いますか？

二〇世紀の後半、文化相対主義は世界を席巻しました。**この考え方をしない人がほとんどいなくなってしまったといっていいほどです。**「現在の一番の流行の思想はなんですか？」といったら、それはおそらく文化相対主義でしょう。この講座では古代ギリシアの哲学者の思想も取り上げつつ、考えていくのは基本的に現在の問題ですので、そうした意味で文化相対主義を考えることは非常に重要なミッションになります。

先ほど出した三つの問題について大学で学生に尋ねると、ほとんどが文化相対主義を唱えます。今日のディスカッションでも文化相対主義的な意見が出ました。

けれど、文化相対主義の考え方ですべてがうまくいくかといえば、そうもいきません。

文化相対主義をとるかどうかで、国連が揺れています。国連は第二次世界大戦後に設立されましたから、植民地主義に対する批判や民族自決[*]の考えが、もともとは非常に強かった。レヴィ＝ストロース[*2]の『人種と歴史』という本が、ユネスコ（国連教育科学文化機関）から出版されています。「西洋の文明社会の基準で未開社会を判断・評価することはできない」というのが、この本の基本的な主張です。

レヴィ＝ストロースの考え方では、未開社会は決して劣っておらず、むしろ彼らは高度な数学を使って社会を営んでいる。西洋社会に負けるものではないから、未開社会の考え方をバカにしてはいけないし、西洋社会とは異なる尺度や原理で動いている。

一九五〇年代の国連の立場はこういうものでした。

ところが、その後、微妙な問題が生じてきました。たとえば、国連は**サティー（寡婦殉死）**を禁止しています。サティーとは、夫を亡くした女性が夫の亡骸《なきがら》とともに焼身自殺をするという、インドで何百年も前から続いている慣行です。一九四七年のインド独立後、消滅したとされていたのですが、二一世紀のいまもときどき起きています。ここでは、世界的にニュースになった一九八七年のサティー事件を取り上げておきます。

民族自決
ある民族が他の民族や国家の干渉を受けることなく、自らの意志にもとづいて、独立などの政治的地位を決定すること。第一次世界大戦の講和条約であるヴェルサイユ条約に明文化された。

クロード・レヴィ＝ストロース（1908-2009）
フランスの社会学者・文化人類学者。構造主義の祖。アメリカ先住民の神話研究で特に知られる。著書に『悲しき熱帯』『野生の思考』など。

この事件では、結婚して八カ月にも満たない一八歳の女性が、病死した夫の遺体とともに生きながら焼かれたのです。**当初は妻の意志だといわれていましたが、実は大量の麻薬を飲まされていたことが、警察の捜査でわかりました。**四〇〇〇人以上の群衆が見守るなか、彼女が逃げ出そうとすると、一部の観衆が竹竿でそれを阻み、叫び声はドラムの音でかき消されたそうです。

こうした習慣に対し、国連が反対する立場をとるのは、いったいなぜか。女性の人権保護を彼らは主張するでしょうが、そうした形で非難するのはやはり西洋近代の原理があるからです。西洋近代の考えを持ちこまないという五〇年代の国連の発想は、どこへ行ってしまったのでしょうか。

他にも国連は、世界人権宣言*で**奴隷制**を禁止しています（第四条「何人《なんぴと》も、奴隷にされ、又は苦役に服することはない。奴隷制度及び奴隷売買は、いかなる形においても禁止する[3]」）。

もちろん、奴隷制を肯定する人は、現代では誰もいません。世界の常識です。しかしながら、古代ギリシア時代には奴隷制は正しいとされていました。**プラトン*もアリストテレス*も奴隷制については当然視しています。**もし未来社会において奴隷制が復活したとすると、二一世紀の人間はなんてバカだったんだ、プラトンやアリストテレスの考えが正しかったんだ、といい始めるかもしれません。いやいや、そんなことは

世界人権宣言
基本的人権について「すべての人民とすべての国とが達成すべき共通の基準」を定めた宣言。一九四八年、第三回国連総会で採択された。

プラトン
（紀元前427－紀元前347）
古代ギリシアの哲学者。ソクラテスの弟子。私たちが通常認識している事物は真の実在（イデア）の「影」にすぎないとするイデア論を唱えた。著書に『ソクラテスの弁明』『饗宴』『国家』など。

絶対ありえない……そう思いますか？

ナチス・ドイツの政策についてはどうでしょうか。「それが間違いだった」と考えるのは、現代の基準をナチスに適用しているにすぎないといえるでしょうか。その場合、次の言い方が正しいと思いますか？

「**ナチスの政策は当時のドイツにとっては正しかった。しかし敗戦したので、戦勝国側の立場からすればナチスの政策は間違っていた**」。この表現が正しいと思われる方はいますか？　そうではなく、ナチスの政策は絶対的に間違っていたんだという方は？　どちらにも、なかなか手が挙げにくいですね。

奴隷制もナチスの政策も、「正しかった」「どこが間違っていたのですか」と公《おおやけ》に述べることは当然できません。しかし、別の社会、別の地域、別の時代において、それが絶対的に間違っていたといえる根拠はあるでしょうか。

いま、当たり前だとされていることも、文化相対主義の流行をふまえて考えると、違う見方ができます。**自分の信じる「正しさ」を、どこまで明確な形で説明できるか。**これは非常に大きな問題です。

アリストテレス
（紀元前384－紀元前322）
古代ギリシアの哲学者。プラトンの弟子。広範な分野で後世に影響を与える業績を残し、「万学の祖」と呼ばれる。過度と不足を避け、その中間（中庸）を選ぶことが倫理的徳であるとした。著書に『形而上学』『弁論術』『ニコマコス倫理学』など。

常識や感覚を疑ってかかる

岡本　「正しさ」と私たちの感覚をめぐる思考実験を、さらに四つ考えてみましょう。

問題1　ギュゲスの指輪（プラトン『国家』[4]より）

羊飼いのギュゲスはある洞窟で、金の指輪を見つけます。**この指輪には不思議な力がありました。装着して玉受けを内側に回すと、周りから姿が見えなくなる**のです。ギュゲスはこの指輪の力を利用して王妃に近づき、王を殺して自らが王の地位につきます。

もしもあなたがこの指輪を手に入れたら、何をしたいですか？

問題2　グラウコンの挑戦（こちらもプラトン『国家』より）

プラトンの兄のグラウコンは、ギュゲスの指輪の話を持ち出して、ソクラテス*に尋ねました。「誰にも知られず不正を行なうことができる場合に、ギュゲスのように不正を働いて栄華を極める人と、正義を貫いて何も得ない人とでは、どちらがよい人生を送ったといえるのか」

正しいことをすると不利益をこうむり、汚名が着せられる。不正を行なえば、利益

ソクラテス（紀元前470頃－紀元前399）
古代ギリシアの哲学者。対話を通じて人々に「無知の知」を自覚させた。自身は著作を残さなかったが、その思想は弟子プラトンらの著作を通じて知ることができる。

が与えられて、名声を獲得する。このような条件下でも、あなたは正しいことをしますか？　それとも、すすんで不正を行ないますか？

問題となるのは、「**正しい行ないは、それが正しいからやるのか。それとも、正しい行ないをすれば利益があるから、そうしているだけなのか**」ということ。利益がなければ正しい行ないはやらないのか、という問題です。

問題3 円筒形と六角柱（デカルト*『省察』[5]に出てくる話のアレンジ）

円筒形の建物が遠くに見える。近くまで歩いていくと、六角柱の建物だった。遠くから見ると美人・イケメンでも、近づいてみると……というのは、よくあることです。

デカルトはここから、「**感覚は欺《あざむ》くことがある**」という教訓を引き出します。

あなたはデカルトに賛成ですか？

問題4 トラシュロスの狂気（アイリアノス『ギリシア奇談集』[6]より）

奇妙な狂気に陥《おちい》ったトラシュロスは、町を捨てて港に住みつきます。そして港に入ってくる船を、すべて自分の船だと思いこむようになりました。船が入ってくるた

ルネ・デカルト（1596－1650）
フランスの哲学者、数学者。少しでも疑わしいものは排除する「方法的懐疑」を提唱するとともに、そのように疑う主体だけは疑いなく存在するという「われ思う、ゆえに、われあり」の命題を打ち立てた。著書に『方法序説』『省察』など。

びに「ああ、無事でよかった」と帳面につけ、大喜びしていた。

それを見かねた兄弟が医者に任せて治療をすると、彼の病気は治りました。もう船を見ても自分の船だとは思わなくなりましたが、トラシュロスは狂っていた頃の自分を思い出して、こういいます。**「自分のものではない船の無事を見て喜んでいたときの気持ちは、これまで味わったことがないものだった」**

考えてみれば、私たちもまた、トラシュロスが抱いたような幻想にもとづいて生きているのかもしれません。プロ野球で贔屓《ひいき》の球団が勝ったり、サッカーのワールドカップで日本チームが勝ったりすれば、涙を流さんばかりに喜ぶ。あるいは誰かに褒められると、自分は素晴らしい人間だと思いこんで、そうした言葉が生きる糧の一つになってしまう……。

私たちのほとんどが、治療を受けないトラシュロスとして生きているのだとすれば、果たしてトラシュロスに対する治療はよいものだったのでしょうか。

以上四つのことを、またみなさんで話し合っていただきたいと思います。

（ディスカッション）

岡本　いかがでしょうか。

男性D　二問めの、正しい行為で不利益をこうむるのか、正しくない行為で利益を得るのかという問題について重点的に話しました。正しい行為とは結局のところ、自分の欲望であると考えて話を進めました。正しい行為をすることで満たされる自分の欲と、正しくない行為で得られる利益、この二つを天秤にかけることで、そのときどきの答えが出てくるのではないでしょうか。

岡本　どちらの欲のほうが強いかで決まるということですね。他にはいかがでしょう。

男性E　四問めの「トラシュロスの狂気」について、いろいろと議論しました。一つの意見としては、きわめて個人的な喜びを重視すべきで、自分だったら治療してほしくないというものがありました。

かたや、そのことがもたらす、社会への影響という側面があります。その人が一人で生きているのであればいいけれど、そうではないでしょう。船が自分のものだと思いこんでいると他人との軋轢《あつれき》が生じるから、いろいろな場面で調節が必要になる。それもまた事実です。

男性F　私たちのグループは、四つの思考実験を一度に考えてみたのですが、すると四つの問題にかなり共通した傾向があることが浮かびあがってきました。それは、透明人間になることも、不正によって利益を得ることも、トラシュロスの話も、実際にそうなってみないと、その状態でどう感じるのかわからないということです。

三つめのデカルトの話にある、「見え方が変わる」という点がカギになりました。透明になってやりたいことがもともとあったとしても、実際に透明人間になったら、透明人間の考え方では果たして同じことをやりたいと思うのかはわかりません。

岡本　「人から見られない私」が何をしたいと思うのか、ということですね。

人間がどういう条件下でどこまで正しさを希求するのかは不明であるとして、それでも人間に正しいことをさせるためには、むしろ「悪いことをすれば不利益をこうむる」ということを教育すればよいとする発想もあります（そうした教育は表面的な策にすぎない、とカント*7は批判しましたが）。このあたりは大きなポイントですね。

他にありましたらどうぞ。

男性G　一つめの「透明人間」の問題は、満場一致で「いろんなことをしたい」という意見になりました（笑）。

二つめの「不正を行なって利益を得る」問題では、女性陣は、「選択を放棄する」「行動しない」という意見でした。私自身は、置かれた状況によると考えます。たとえば余命が一、二年で、この世に未練がなければ、正しい行為をして生涯を終えるかもしれませんが、あと三、四〇年、不遇な人生を歩むならば、悪い行為を選ぶかもしれない。どこかで損得のバランスを考えてしまいます。

イマヌエル・カント（1724-1804）
ドイツの哲学者。ドイツ観念論の祖。『純粋理性批判』『実践理性批判』『判断力批判』の三批判書を著し、「私は何を知りうるか」「私は何をなすべきか」「私は何を望んでよいか」を探究した。

男性H　透明人間になることで、いろいろな世界を見てみたいとか、舞台裏を覗きたいという気持ちはあるけれど、むなしくなりそうだ、と話しました。モノを手に入れることは、透明人間でなくてもできます。自分でお金を稼いで自分で買ったほうが、自己実現の満足度も高い。現実世界でやるべきことをしっかりやったほうがいいのではないか、と考えました。

岡本　結局のところ満足感というのは、私たちが身体を持っていて、相手との関係性があるなかで出てくることです。そうした関係性もなく、たとえば純粋な好奇心だけでずっと生きていけるかどうかというと、それはなかなか厳しいかもしれませんね。

現実と見え方の違い、幸福と幸福感の違い

岡本　男性と女性ではものの見方が違う、とよくいわれます。**男性には素敵に見える車でも、女性には品のない趣味と映るかもしれない**。さらにいえば、人間に見えているものが本当の世界なのかどうかも、実は怪しい。

たとえば、**ネコの視界は人間とは相当違う**そうです。視野は二〇〇度で人間より広い一方、六メートル先ぐらいまでしかはっきり見えず、赤色を知覚することもできないといいます。しかしこれも、ネコにはこう見えているであろうと、人間の目を通し

て類推したものですからね。ネコの見え方を真に理解することは難しい。あるいは、聞こえるものも当然違います。

では、人間とネコ、どちらが「本当の世界」を認識しているのでしょうか。

ここで考えていただきたいのは、「見えているものと本物」という対比は果たして正しいのか、ということです。先ほどの問題3でいえば「遠くから見ると円柱だったが、本当は六角柱だった」という対比、これ自体が間違っている可能性はないでしょうか。

六角柱が本当だという理由は何もありません。ルーペで見れば、六角柱ではなくなるわけです。どの地点から見るか、という相違にすぎないのではないか——実はデカルトは、こういう考え方も導入しています。**最終的に、すべては見え方の違いだ**、と。

こうなると困ってしまうのは、何が本当なのかということです。たとえば同じ額の収入を得ていても、幸福だと思う人もいれば、不幸だと思う人もいます。**幸福と幸福感は同じなのか、違うのか**。たとえば、年収一億円を稼いでいても、ああ、不幸だなと思う人もいるかもしれません。逆に年収一〇〇万円であっても、幸せだなと思う人もいるでしょう。

重要なことは、幸福がなんであるかではなく、幸福感が得られるかどうかです。幸福感というのはあくまでもその人の気分や気持ちなので、脳の状態によってつくり出すことができる、と最近の脳科学者はいうでしょう。
そうした幸福感をつくり出す機械が実現できたとしましょう。自分が望むどんな経験も与えてくれる機械につながれたあなたは、どんな夢も見ることができる。思い通りの人生がこのなかで展開される。ただし、一度セットしたら取り外しは不可能です。あなたはどうしますか？

これはロバート・ノージック*が考案した「**経験機械**」という思考実験です。[8]
こう問われると「いやいや、それはちょっとイヤだ」という方が多いかもしれませんが、何十名もの人と一緒につながれるならどうでしょうか？

意味は少し違いますが、ハイデガー*の言葉を使えば、経験には**各自性**があります。つまり、経験とはあくまでも「私にとって○○と思われる」ということですので、自分の思いと現実というのは区別できないんです。このように私には見える、一キロメートル先のものはこのように見える、もっと近づくとこう見える……というように、私が思うこと以外にこの現実はありえない。そうなると、自分の思いとは別に「本当の」現実があるという考え方は揺らいでしまいます。

実際、最近の科学技術として、**人間の思いと現実が融合しあうようなテクノロジー**が出てきましたよね。VR*（仮想現実）とか、AR*（拡張現実）だとか。こうした技術を用いると、各人の思いがある意味そのまま現実化するわけです。そのなかで、私

ロバート・ノージック
（1938-2002）
アメリカの哲学者。ハーバード大学教授を務めた。リバタリアニズム（自由尊重主義）の代表的論者（詳しくは第8講を参照）。著書に『国家・アナーキー・ユートピア』『考えることを考える』など。

マルティン・ハイデガー
（1889-1976）
ドイツの哲学者。「存在とは何か」というギリシア哲学以来の問いを探究した。ナチス政権に加担したことでも知られる。著書に『存在と時間』『ヒューマニズムについて』など。

たちの思いと現実という概念そのものも、もしかしたら崩れ始める可能性があるかもしれません。

ここまで見てきたように、自分の考えや感覚の「正しさ」を疑ってかかることこそ、哲学の基本といえます。では、こうした姿勢をもってして、哲学はこれまで何をしてきたのか、そしてこれから何ができるのか。残りの時間で、それを考えてみましょう。

コンセプトを創造する

岡本　ホワイトヘッド*という哲学者がこういいました。

「**西洋のすべての哲学は、プラトン哲学への脚注にすぎない**[9]」

哲学者は、プラトンがすでに議論した問題を、形を変えて取り扱っているだけじゃないかというわけです。これを聞くとギリシア哲学をやっている人は泣いて喜びますが、実はそのバリエーションこそが重要な問題です。カントは次のように述べています。

「**哲学を学ぶことはできない。哲学することだけを学ぶことができる**[10]」

この哲学講座もそうです。学説や知識をここでお話ししたいとは思っていません。冒頭で申しあげたように、むしろ、自分自身の知性を使って哲学することを学んでい

VR
Virtual Reality。現実世界のように体感できる仮想空間を理工学的につくり出す技術。ディスプレイ付ヘッドセットを装着して体験するのが一般的。

AR
Augmented Reality。文字や映像などの視覚情報を現実空間に重ねて表示する技術。活用例にスマートフォン向けゲームアプリ「ポケモンGO」など。

ただけたらと思っています。誰かの説を鵜呑《うの》みにするのではなく、「自分だったらどう考えるか」を、さまざまな視点から考えてみていただきたいのです。

次の言葉は、現代の哲学を打ち立てる重要性を示唆するものです。

「**ここがロードスだ、ここで跳べ**」

一九六〇年代の学生闘争の頃、デモに参加するかどうかを迷う学生に決断を迫る際にこのフレーズが使われましたが、完全な誤用です。この言葉は「決断せよ」という意味ではありません。イソップ寓話をもとにした成句で、「俺はロードス島で跳躍をして二メートルぐらい跳んだ」という自慢話をするほら吹きに対して、それを聞いていた人が「それが事実なら、ここがロードスだと思って跳んでみろ」という意味でいい返した言葉です。

ヘーゲル*は『法の哲学』の序文でこれを引用しています。[11] この成句を持ち出してヘーゲルがいおうとしたのは、個人は必ずその時代の子であり、時代を飛び越えることはできないということでした。

ヘーゲルは同じ『法の哲学』の序文のなかで、次のようにもいっています。

「**ミネルヴァの梟《ふくろう》は迫り来る黄昏《たそがれ》に飛び立つ**」

ミネルヴァとは、ローマ神話に登場する知恵をつかさどる女神で、梟はその化身とされます。つまりこの言葉は、一つの時代が終わりに近づきつつあるときに、哲学が

アルフレッド・ノース・ホワイトヘッド（1861-1947）
イギリスの哲学者、数学者。バートランド・ラッセルとの共著『プリンキピア・マテマティカ』により、記号論理学に革新をもたらす。その後『自然認識の諸原理』『自然の概念』などで科学哲学に取り組むと、有機体の哲学といわれる独自の形而上学を展開した。

ゲオルク・ヴィルヘルム・フリードリヒ・ヘーゲル（1770-1831）
ドイツの哲学者。ドイツ観念論を大成。矛盾をはらみながら、常に運動し、変化する弁証法的発展の過程として歴史をとらえた。著書に『精神現象学』『歴史哲学』など。

その時代を概念的にとらえるという意味です。

これは先ほどの「プラトンを読めばいい」という話とは意味合いが違いますよね。**古代には古代の哲学があり、現代には現代の哲学があります。**その時代、その社会ごとの問題があって、そうした問題の歴史的な変化をとらえるのが哲学です。

この講座で取り上げるAI（人工知能）にしても、バイオサイエンスや資本主義の問題にしても、どれも現代の問題です。プラトンだけを読めばAIの話がわかるのかというと、そんなことはない。同時にプラトンとまったく無関係なわけでもありません。

哲学とは、概念（コンセプト）を創造することです。哲学者たちは独自の概念を創造してきました。ドゥルーズ*は「**概念をつくり出さない哲学者は哲学者ではない**」と述べています[12]。

新たにつくり出された概念によって、いままで見えなかったことが理解できるようになります。プラトンは「**イデア（観念）**」という概念を、アリストテレスだと「**デュナミス（可能態）**」「**エネルゲイア（現実態）**」という概念を使って、物事を分析しました。見え方や実在についてはデカルトが「**コギト（われ思う）**」という概念で考え、カントは「**クリティーク（批判）**」という概念で考えました。

こういう概念を哲学者が提出することで、彼らの読者も、その概念を使って世界や

ジル・ドゥルーズ（1925‐1995）
フランスの哲学者。西欧の伝統的な哲学や知の階層的体系を批判。精神分析家フェリックス・ガタリとの共著『千のプラトー』において、非中心化システムの比喩的表現としてリゾーム（根茎）の概念を提示した。単著に『差異と反復』など。

社会を見ることができるのです。そうした経験には、「なるほど、こういうものが見えてくるんだ」という驚き・発見がともないます。**概念をつくり出せるかどうかで、その哲学が一流になれるかどうかが決まる**のだと思います。

「ヒモつき」でない視点・思考を身につける

岡本　哲学はしばしば「役に立たない」とみなされてきました。

ある著作のなかで、カントは大学の学部について説明しています。[13]当時のドイツの大学では、医学部と法学部と神学部の三つが、専門性の高い上級学部として設定されていました。要は、社会に出てから役に立つものを学ぶ学部です（神学を学ぶことが社会の役に立つのかと疑問に思われるかもしれませんが、神学部を出れば、当時はプロテスタントの牧師という就職口がありました）。それに対して、**哲学は下級学部**でした。哲学など無用であると考えられていたのです。

しかし、そうではないことは、ここまでの議論を通じて明らかです。

考え方を逆転させてみましょう。カントがいったように、「**有用性**」とは「**ヒモつき**」であることです。[14]考えてみてください。牧師になるために神学部へ行くとしたら、聖職者という立場のために思想や発言は制限されはしないでしょうか。自由に神学批判などできませんね。

一般的に考えても、仕事の取引先について批判するのは難しいでしょう。そうした意味で、有用な何かにヒモづけられた「職業的な知性」では、批判的に物事を考えることができません。カントはこれを「**理性の私的な使用**」と呼びます。

一方、哲学をすることは、ヒモで何かと結びついていない「**理性の公的な使用**」です。無用だからこそ、ヒモがつかずに、非常に広い視点から自由な議論ができます。

みなさんはさまざまな職業につき、さまざまな形で活動されているでしょう。その部分でヒモつきの知識・洞察があるはずです。同時に、もう一つの、**ヒモのない哲学的視点・哲学的思考**を身につけたら、ヒモつきの活動に関しても、新たな視点が見つかるかもしれません。

BOOK GUIDE

哲学について理解を深めるためのブックガイド

哲学にどう入門するか？

『哲学ってどんなこと？—とっても短い哲学入門』
トマス・ネーゲル
岡本裕一朗・若松良樹訳　1993年　昭和堂

哲学者の名前が一切出てこない哲学の入門書。ネーゲルは、現代アメリカの哲学界で重鎮となっている。日常的に誰もが抱く疑問から、哲学的思考へと直接導く良書。

『哲学のきほん—七日間の特別講義』
ゲルハルト・エルンスト
岡本朋子訳　2017　ハヤカワ・ノンフィクション文庫

対話形式で進められ、哲学の基本的な考えを議論によって学ぶことができる。現代ドイツの若手による入門書で、功利主義や分析哲学の解説が充実している。

哲　学　と　は　？

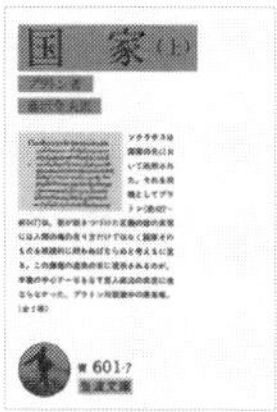

『国家（上・下）』

プラトン
藤沢令夫訳　1979　岩波文庫

プラトンの代表作で「何か一つ」といえば、コレになる。思考実験や基本概念がたくさん登場し、読み通せば格段に知識が増える。西洋哲学史は「プラトンの脚注」（ホワイトヘッド）といわれるが、そのなかでも中心的な著作。

『法の哲学（1・2）』

ゲオルク・ヴィルヘルム・フリードリヒ・ヘーゲル
藤野渉・赤沢正敏訳　2001　中公クラシックス

「ミネルヴァの梟」の話や、「ここがロードスだ、ここで跳べ」といった有名な文言（しばしば誤解されている）が出てくる著作。「弁証法」（これも誤解されている）を知るにも便利。

『プラグマティズムの帰結』

リチャード・ローティ
室井尚ほか訳　2014　ちくま学芸文庫

世紀末にアメリカで活躍したローティの論文集。〈「大文字の哲学（Philosophy）」から「小文字の哲学（philosophy）」へ〉というコピーは、時代を象徴する言葉となった。

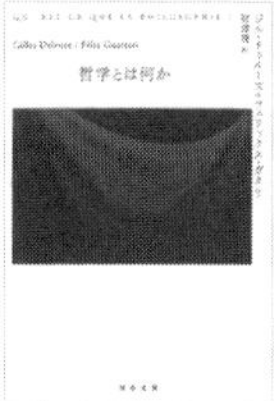

『哲学とは何か』

ジル・ドゥルーズ、フェリックス・ガタリ
財津理訳　2012　河出文庫

20世紀末に、ポスト構造主義の旗手として登場したドゥルーズとガタリの最後の共著。自らの死を意識しながら、「哲学」に新たな力を与えようとするドゥルーズの姿勢は圧巻。「概念の創造」としての哲学。

哲学は常識を疑い、根本的な前提を問い直す

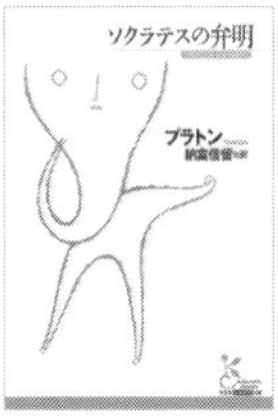

『ソクラテスの弁明』
プラトン
納富信留訳　2012　光文社古典新訳文庫

プラトンの師であるソクラテスは、社会の有力者たちに彼らの知識が本当なのか問いかけ、むしろ彼らが無知であることを暴露したため、アテナイで死刑の判決を受けなければならなかった。この態度は、哲学の一貫した姿勢になっている。

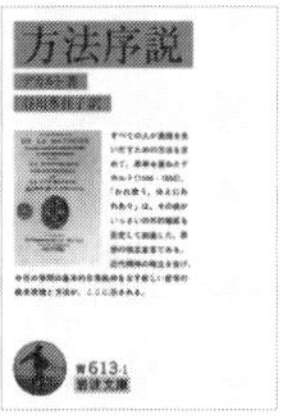

『方法序説』
ルネ・デカルト
谷川多佳子訳　1997　岩波文庫

自分の学んできた知識が果たして本当かどうか、根本から問い直し、確実な知識が何であるかを探究しようとした経緯を自伝風に語っている。「われ思う、ゆえに、われあり」という有名なフレーズも、この書で登場する。一度は見ておきたい書物。

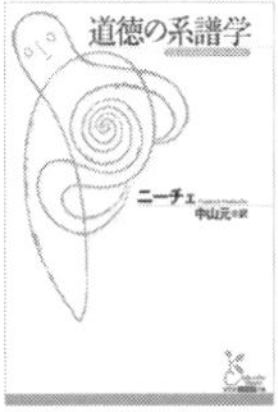

『道徳の系譜学』
フリードリヒ・ニーチェ
中山元訳　2009　光文社古典新訳文庫

社会で道徳というのは、どんな人も守るべき大切な規範とされているが、ニーチェはその点に疑いをもち、道徳が果たして「よい」ものかどうか、あらためて問い直した。その結果ニーチェは、道徳がきわめて醜悪なルサンチマン（嫉妬、逆恨み）から生まれたと主張。

『ウンコな議論』
ハリー・G・フランクファート
山形浩生訳　2016　ちくま学芸文庫

現代アメリカの哲学者フランクファートは、エビデンスもなければ、正しい論理にももとづかないインチキな議論が、あたかも正しい議論のような装いのもとで、世の中に蔓延している、と考えている。その本質が何かを分析し、正しい判断力を育成するのに必要な書。

BOOK GUIDE

哲学はテクノロジーをどう考えてきたか

『技術への問い』

マルティン・ハイデガー
関口浩訳　2013　平凡社ライブラリー

技術の意味を哲学的に考えるとき、最初に読まれるのがハイデガーの技術論。ただし、年代が古く、用語がいわゆる「ハイデガー語」なので、読み解くのが大変。

『イデオロギーとしての技術と科学』

ユルゲン・ハーバマス
長谷川宏訳　2000　平凡社ライブラリー

戦後のドイツ哲学の牽引者であるハーバマスの技術論。表題からもわかるように、技術を「イデオロギー」ととらえる点で、マルクス主義的な残滓がまだ影響を与えている。

『メディオロジー宣言』

レジス・ドブレ
西垣通監修、嶋崎正樹訳　1999　NTT 出版

メディアと技術の哲学を現代フランスで展開したドブレの出発点となる書物。言語や概念ではなく、媒体としての技術をなぜ考察すべきかに論及し、「メディオロジー」を提唱。

『偶有《アクシデント》からの哲学
―技術と記憶と意識の話』

ベルナール・スティグレール
浅井幸夫訳　2009　新評論

フランスのポスト構造主義の後で、メディアと技術の哲学を提唱して、哲学の新方向を探求している。主著の『技術と時間』の入門として読むことができる。

人工知能

PART 1

Artificial Intelligence

［ 人 工 知 能 ］

課 題 図 書

『心はどこにあるのか』

ダニエル・デネット
土屋俊 訳

ちくま学芸文庫、2016 年
原書刊行年：1996 年

岡本　この本を課題図書として選んだのはデネットの著作のなかで一番薄かったからですが、読んでみると、哲学っぽいと感じるか、哲学っぽくないと感じるか、いずれにしても議論がさまざまな方向に飛んでいるように思われるかもしれません。

ダニエル・デネットは一九四二年生まれで、現役のアメリカの哲学者のなかでは最も優秀だといわれている人の一人です。

彼の仕事は二つの方向性に大別できます。一つは心の哲学。『心はどこにあるのか』をはじめとして、『解明される意識』[1]『思考の技法——直観ポンプと77の思考術』[2]などの著作がこれにあたります。もう一つは、『ダーウィンの危険な思想——生命の意味と進化』[3]『自由は進化する』[4]『解明される宗教』[5]など、進化論的なアプローチから自由や宗教を解明する方向性です（こちらの方向性についてはバイオサイエンスの回〔第4講〕でも取り上げます）。

デネットはギルバート・ライル*という哲学者の弟子にあたります。ライルのつまずきをどのように乗り越え、発展させるかという課題が、デネット哲学の根底にあります。

ライルは著書『心の概念』で「**機械のなかの幽霊**」という概念を提示して、デカルトの「物質と精神の二元論」を批判しました。[6]人間の身体が仮に機械のようなものだとして、そのなかに精神が幽霊のように宿るなんて、そんなことはありえないだろう、

ギルバート・ライル
（1900-1976）
イギリスの哲学者。『心の概念』は一九四九年に発表された。他の著書に『思考について』など。

と批判したんです。では、人間の心についてどう理解したらいいのかというときに彼が出した解答が、のちに「**行動主義**」と呼ばれる考え方でした。

行動主義では、「知っている」ということを「**傾向性**」という概念に置きかえて考えます。たとえば、「2＋3を知っている」というのは、「問題に正しく答える傾向性がある」ことだととらえるのです。

しかしこのような考え方では心の「**志向性**」を説明できないとして、すぐに批判されました。志向性とは、人間の意識が外界の対象に対して注意を向ける特性のことを指します。つまり、傾向性によって人間がさまざまな行動をとることができるのはいいとして、その人の行動のなかでいったいどういうことが起こっているのか。あるいは、何かをイメージとして心に思い浮かべるというようなことをどう理解するか。こういったことが説明できないではないかと批判されたんです。

デネットはこの批判を受けとめて、心を「志向的システム」としてとらえます。そのうえで、心にそうした志向性が生まれるのは、決して「中枢としての心」があるからではなく、脳内で並行して進む複数のプロセスが情報を「編集」して一つの物語をつくり上げているのだと主張します（**多元的草稿モデル**）。以下はデネット『解明される意識』からの引用です。

「知覚をはじめ思考や心的活動はどのようなものも、脳のなかの、感覚インプットを解釈したり推敲したりする多重トラック方式にもとづくたがいに並行したプロセスによって、遂行されている。神経系統に入ってくる情報は、絶え間なく「編集・改竄《かいざん》」に付されているのである」

「そしてそこから、むしろ物語の流れとか連続とでもいったものが時間をかけて生まれることにもなる」

デネットによれば、心の機能とは情報処理、すなわち外界の情報を集めて、選別して貯え、加工・処理することです。そして、そうした機能を実現することができれば、どんな物質からできていたとしても――ロボットやＡＩであっても――心と呼んでかまわない。これが、デネットの参照する**機能主義**の考え方です。『心はどこにあるのか』では次のように説明されています。

「なにかを心（あるいは信念、痛み、恐れ）たらしめるのは、それがなにから構成されているかではなく、なにをすることができるかである」

「心がなにをするのか（痛みや信念はそれぞれなにをするのか）がわかれば、その能力を持っている材料ならなにからでも、心（または心の一部）をつくれるはずである」

このようにデネットは心のあり方を、物質から区別せず、むしろ連続的にとらえようとします。**これは進化論的アプローチであると同時に、物質と精神をきっぱりと分断するデカルト的な二元論の批判になっています**。

デネットの議論やテーマは多岐にわたります。一見したところ全体の筋はつかみにくいわけですが、一つ一つの論点が厳密に論証されているというわけでもありません。好き勝手なことをいっている、というのがイメージ的には近い。新たな概念や発想を提示していますので、それを使っていままでの常識を根本的にくつがえそうという気持ちで読まれたらいいと思います。

デネットをなぜ課題図書にするかといえば、人工知能を考えるとき、「人間のみが心を持つ」という発想を変える必要があるからです。そのためには、デネットの議論が大いに参考になります。

第2講

自動運転車に乗る前に考えたいこと

「トロッコ問題」再考

岡本　自動運転車についてトロッコ問題と結びつけて語る論文や記事を、最近よく見かけます。先に申しておきますと、私自身はそういうものを読んでもどうもしっくりこないんです。今回はその理由についてみなさんと考えてみたいと思います。

一般的にトロッコ問題として紹介されるのは、次の二つのパターンです。

まず、「**スイッチのパターン**」。列車が線路上を走っていると、ブレーキがきかなくなってしまいます。線路の前方には、逃げられない状態の人間が五人いる。線路脇に立つあなたの傍《かたわ》らには方向指示スイッチがあって、そのレバーを引けば支線へと方向を変えることができます。けれども、支線上にも別の一人がいます。

五人がいる方向に列車をそのまま直進させるか、あるいはレバーを引いて一人がいる方向に進路を変えるか。このときにあなたはどちらを選ぶか、という問題です。

もう一つは「**陸橋のパターン**」。同じように、ブレーキのきかない暴走列車がやってきて、線路の前方には身動きのとれない五人がいます。このパターンでは、あなたは陸橋の上にいます。そして、そばには太った男もいます。陸橋の下を覗きこんでいるこの男を突き落とせば、五人の手前で列車を止めることができる。それが可能であるという前提で、この男を突き落としますかという問題です。
ちなみに、トロッコ問題を有名にしたのは**マイケル・サンデル***ですが、彼のバージョンは少し違います。サンデル版にスイッチは出てきません。あなたは運転手です。直進すれば五人を、支線に入れば一人を死なせることになる。そのときにハンドルを切るかどうか。これと陸橋のパターンを比べるのが、サンデル版の設定です。[1]

あなたが裁判官だったら……

岡本　トロッコ問題のオリジナル版は、**フィリッパ・フット***という哲学者が一九六七年につくった次のモデルです。[2]
あなたは運転手で、自分がハンドルを切るかどうか選ばなくてはならない。サンデル版と同じですね。
フットのモデルでは、この問題は「**あなたは裁判官**」というシナリオとペアになっています。群衆が広場に集まっていて、ある犯罪の犯人を出せと騒ぎたてます。犯人はまだわかっていないのですが、群衆は五人の人質をとっていて、早く犯人を出さないと彼らが殺されてしまう状況です。ここで裁判官が無実の人間を一人、犯人としてでっち上げれば、五人は助かることになります。こうして五人を救うのか、それとも

マイケル・サンデル
（1953－）
アメリカの哲学者。ハーバード大学教授。コミュニタリアニズム（共同体主義）の代表的論者。学生と議論を交える対話型の講義スタイルで知られる。著書に『これからの「正義」の話をしよう』『それをお金で買いますか』など。

フィリッパ・フット
（1920－2010）
イギリスの哲学者。今日の徳倫理学を築いた一人。著書に『人間にとって善とは何か』など。

見殺しにするのか。
あなたが列車の運転手なら、五人を轢《ひ》くほうを選びますか？　いやいや、一人を轢こうという人は？　……五人の命のほうが大切だよねというのが普通の考え方ではないでしょうか。

では、裁判官になったときに、無実の人を犯人にでっち上げようと思う方は？
……なかなか手が挙がらないですね。

では人質が小さな子どもたちだったらどうしますか？　人相の悪い男を犯人にして、子どもたちを救うほうが気は楽かもしれません。それでも、「無実の人間を犯人にするなんてさすがにできない」という人もいるでしょう。では、そう考える理由はどこにあるのでしょうか。

四つの極限状況

岡本　フットのあとに、**ジュディス・トムソン***がトロッコ問題を洗練させました。一方が暴走電車で、もう一方は群衆の暴動というフットのモデルは、あまり形がよくない。もう少し問題を洗練させようと、トムソンはいろいろなパターンを考えました[3]（以下の例は、トムソンの考案した例とは名前などを少し変えています）。

ジュディス・トムソン（**1929-**）
アメリカの哲学者。論文「妊娠中絶の擁護」も有名。

問題1 エドワード

エドワードは列車の運転手です。これはフットが考案したのと同じパターンですね。前方の線路に五人、支線の先には一人。ブレーキがきかない。さてどうするか。

問題2 フランク

フランクは乗客です。運転手のエドワードが心臓発作を起こし、ハンドルの操作ができない。発作を起こす直前、エドワードは「ブレーキがきかない」と叫びました。エドワードのすぐうしろに乗っていたフランクが前を見てみたら、前方に五人いて、支線の先には一人いる。さてどうしますか？

この問いをこれまでの問いと同じだと思う人はいますか？　では、微妙に違うのではないか、と思う人は？　いずれにしても、そう思う理由はどこにあるのでしょうか。

問題3 ジョージ

これは最初に例に挙げた、有名な「スイッチのパターン」です。ジョージは散歩中に列車を見るのが好きで、いつものように線路脇にやってきた。すると、列車の運転手が「ブレーキもハンドルもきかない」と叫んでいる。驚いて前を見ると、列車の前方には動けない状態の五人がいる。さらに運転手は「そこのスイッチのレバーを引いてくれ」という。レバーを引くと列車は支線に進むが、支線の先にも一人いる——あなたならレバーを引きますか?

問題4 ハリー

これは「陸橋のパターン」です。線路の前方には五人、陸橋にはハリーの他に太った男・デーブがいる。さて、デーブを突き落としますか?

これで四つのパターンが出そろいました(図2)。①運転手(エドワード)、②乗客(フランク)、③たまたまそこにやってきた人(ジョージ)、④陸橋で列車を見ている鉄道オタク(ハリー)。それぞれのケースにおいて、どのように行動すればいいのか。その行動をとる理由まで含めてグループでディスカッションをして、みなさんの意見を明らかにしてください。

シチュエーション① あなたは運転手

シチュエーション② あなたは乗客

図2　4つのシチュエーション

シチュエーション③　スイッチのパターン

シチュエーション④　陸橋のパターン

（ディスカッション）

岡本　さて、いかがでしょうか。

男性A　倫理的にというよりは、社会的にどうかという点で考えました。①は他の三つとは明確に違いますよね。運転手ですから、職業人としての義務が問われます。この場合は被害を最小化するために、一人を轢きます。

次に、②③と④の間で線引きをしました。④でデーブを突き落とせば明らかな傷害ですから、無関心を決めこんで、判断しない。

②と③については、あまり明確な区分けははっきりとしなかったのですが、②のほうが乗客であるぶん関係者としていくらか責任が重いのかなと思いつつ、判断しないでおくことにしました。無関係な第三者を決めこもうというのが、私たちの見解です。

岡本　②③④は、五人が死んでもいたしかたないと。

男性A　いたしかたないし、そんなに感傷もありません。

岡本　①の場合は、ハンドルを操作することがエドワードの仕事なのだから、判断しないという選択は彼にとってはありえないということですね。②と③に関してはたまたまそこにいただけだから、何もしなくても責任は問われないけれど、わざわざハンドルを切れば「お前が殺したんだろう」と罪に問われるかもしれない、と。

男性A　はい。倫理的な判断というより、社会的な判断です。

岡本　否応なく責任が問われるという意味では、たしかに①だけ区別したほうがよさそうですね。ただ、いつも私はいうことなのですが、何が倫理的に正しい判断かという基準は決まっていません。そもそもこういう、全員を救えない状況での倫理とはいったいどんな意味があるのでしょうか。

他のグループの方はいかがでしょう。

男性B　④以外は、一人を殺すということになりました。①から④になるにしたがって責任が軽くなっていく、そういう順番で並んでいるかと思います。

いまも出たように、①の運転手は責任が重い。②は、③よりは近いところにいて、責任がある。③になるとフリーであり、責任がない。④は「わざわざ感」が一番強い。突き落としただけで犯罪行為なので、それだけはどうしてもダメということになりました。

岡本　③までは、一人が亡くなるほうを選択するんですね。その理由は、五人よりも一人のほうが罪が軽いだろうということでしょうか。そのうえで、あえて人を突き落とすというところまでは手を染めたくないと。

ということは、③の場合、あえてレバーを引かなくてもよかったということにはならないでしょうか。②と③の間で線を引くこともできるかもしれません。

男性C　①から④のいずれの場合も、何もせずに五人を見殺しにします。自分の行為が介入し、そこに自分の意志が入ったら責任を問われますから。

岡本　「何もしない」という選択には責任が生じないと考えるわけですね。

④のデーブだって突き落としてもいいんじゃないかと思う方はいらっしゃいませんか？

男性D　デーブが嫌いな奴であれば、「これを機に」と間違いなく突き落とします。あるいは、線路にいる五人が自分の知り合いだった場合もデーブを突き落とすかもしれませんし、①〜③で支線にいる一人が自分の知り合いだったときには五人を見殺しにしてもしかたがない。そこにいる人たちが誰なのかが大きいと思います。

岡本　重要な論点ですね。線路にいる人がどういう人であるか、デーブがどういう人物なのかについては、この設問では基本的には語っていません。具体的な状況を考えてみると、もしかしたらデーブを突き落とす選択をするかもしれない。

突き落とすという行為自体にどうしても気が引けるという人は、落とし戸のような仕掛けの上にデーブが乗っていて、ボタンを押したらデーブが落っこちるという設定だったらどうか、と考えてみてもいいでしょう。

男性E　運転手には職業上の責任があるという話が出ましたが、線路にいるのが点検なりの仕事にサインアップしている人だとすると、危険をわかっている彼らを救うために、無関係のデーブを殺すのは違うかなという気はしました。

岡本　ありがとうございます。やはり登場人物たちの属性次第、というところですね。

どんな説明方式を採用するか

岡本　先ほどもいったように、日本でトロッコ問題というと、③（ジョージ）と④（ハリー）を比較するパターンが多い。③の場合、八〇パーセント近くが「一人のいる方向に舵を切って五人を救うほうがいい」との意見だったという、ウェブ上でのアンケート結果があります。**一方、④については九〇パーセント程度が、ハリーはデーブを突き落とすべきではないという意見でした。**[4]

二つ以上の対比をどう説明するか、そのような説明方式を採用する理由はいったい何なのか。それを考えることがトロッコ問題のポイントです。さまざまな事例に分けながら、それらの事例の違いがどこにあるのかを細かく考えていくのです。

では、**私たちの直感に対してどのように説明をつけられるか**、哲学者たちの考えをいくつか見てみましょう。

よくある説明は、**功利主義**と**義務論**の対比です。ベンサム*の功利主義にのっとれば、

ジェレミー・ベンサム（1748-1832）
イギリスの法学者、哲学者。「最大多数の最大幸福」を原理とし、個人と社会の幸福を調和させる功利主義を唱えた。著書に『道徳と立法の原理序説』など。

求めるべきは「最大多数の最大幸福」です。すなわち、行為の結果を重視します。五人の命と一人の命では、前者のほうが重いということになります。それに対して、カントの義務論では、行為の動機が重視されます。この場合、「殺さない」ことが目的であり、五人を救うためであっても一人の人間を殺すことはできません。

トロッコ問題の創始者であるフットは、また別の説明方式をとりました。「**ポジティブな義務**」と「**ネガティブな義務**」の対比です[5]。前者は積極的に他人を救済・援助する義務を、後者は行為を控えるとか、他人に危害を加えない義務を指します。

ネガティブな義務同士、ポジティブな義務同士が競合する場合には、功利主義的な原則にもとづき「数」で選べばいい。一方、ネガティブな義務とポジティブな義務とが競合する場合は、ネガティブな義務を優先しなければならない。フットはこのように考えました。

トロッコ問題（フット型）の場合、運転手に突きつけられた「ハンドルを切る（五人を殺さない）／切らない（一人を殺さない）」の選択は、いずれも「他人を殺してはいけない」というネガティブな義務にもとづくものだから、ハンドルを切ってより多くの人命を助けるほうを選ぶべきだ、となります。

それに対して、裁判官の例では、五人の人質を救うポジティブな義務を果たすためには無実の一人を差し出さなければならず、「他人を殺してはいけない」というネガティブな義務と衝突します。したがって、五人を見殺しにするほうを選ぶということになります。

中世の頃から存在する説明方式としては、**二重結果論**があります。「意図した行為」と「予見したが意図したわけではない行為」を区別し、後者については行為者の責任を免除するという考え方です。[6]

運転手エドワードの場合は、一人を殺そうと思ったわけではありません。右にハンドルを切れば一人が死ぬということは予見できたけれど、決してこの人を殺したかったわけではない。ところが、裁判官の場合は、一人の罪をでっち上げて殺人を意図したため、その責任が問われる。このような説明のしかたです。陸橋のハリーの場合は、デーブを突き落とす行為は電車に轢かれることを意図したものだから、裁判官と同様、責任を問われることになります。これは最近でも正当防衛だとか、法的にも使われる論理です。

この区別は明確であるように見えますが、実際はそうではありません。

たとえば、次の場面を思い浮かべてみてください。探検隊が洞窟を探検していると、壁から水があふれ出してきた。逃げようとしたところ、近くに小さな穴が見つかります。穴を通って脱出しようとしたら、先頭の太った隊員・デーブが穴に詰まってしまった。

デーブが痩《や》せるまで待っていられればよいのですが、水の勢いがあまりにも強い。隊員たちが力ずくで彼を引っこ抜こうとしても引っこ抜けない。打開策を考えたときに、探検隊は小さな爆薬を持っていた。デーブの体に爆薬をつけて爆破すればどうだろうか？　こう考えるとき、われわれはデーブを殺すことを意図してはいません。障害物を取り除くためにダイナマイトを爆発させただけです。**予見できる結果として、デーブは死にました。**

……納得できますか？　「予見したが意図したわけではない行為」と「意図した行為」が、果たしてそんなにうまく分けられるでしょうか。グレーゾーンについてはどのように判断するのか。むしろ、グレーゾーンこそが問題なのではないか？　他の説明方式についても同様で、功利主義や義務論、二重結果論ですべてを説明しきれるわけではありません。

一方で、トロッコ問題そのものも、「具体性に欠ける」と批判されることがあります。現実的な状況に応用できない、日常から遊離した抽象的な議論ではないかという批判です。

これらの指摘はすべてあたっています。**トロッコ問題は、利害関係にもとづく決定**

は排除することが大前提になっていますし、個人的な情報をいっさい含めません。先ほどもご意見が出たとおり、家族の場合と赤の他人では、選択が変わるでしょう。天才的な能力を持つ一人の命と、五人の犯罪者の命を選ぶ場合は？

自動運転車とトロッコ問題

岡本　こうした弱点があるにもかかわらず、なぜトロッコ問題を取り上げるのかといえば、それによって**自分たちの判断の裏にある、意識しない前提をあぶりだすことができる**からです。

冒頭で申しあげたとおり、トロッコ問題はいま、自動運転車との絡みで再び注目されています。「自動運転車の最大の問題の一つがトロッコ問題である」といわれ、[7]ＭＩＴ（マサチューセッツ工科大学）の研究者も、「自動運転車開発にはトロッコ問題を解決すべき」といっています。[8]ＭＩＴが「モラル・マシン」というアンケートをウェブ上で実施しているのはご存じでしょうか。日本語版もあって、誰でも回答できます。[9]自動運転車に乗る際に直面するさまざまな状況が示され、その状況では直進したほうがいいのか、曲がったほうがいいのかを回答する形式になっています。信号の色、歩行者と乗員の人数や職業、性別、年齢や体型など、さまざまな条件が組みこまれています（図3）。

さて、自動運転車の自動化レベルは五段階で定義されますが（図4）、ここではAI技術が進歩し、レベル5の「**完全自動運転**」が可能になったという想定で考えてみましょう。次のような状況を思い浮かべてください。

問題　自動運転車版トロッコ問題（図5）

あなたは一人で自動運転車に乗っています。すると、前方でタンクローリー車が横転してしまう。**このとき、車の左側では子どもが、右側では老人が道路を横断中です。**そのまま直進するとタンクローリー車と衝突しますが、左にハンドルを切れば子どもを轢いてしまうし、右にハンドルを切れば老人を轢いてしまいます。

このときにどう進むように、自動運転車を設計すべきでしょうか。

家族が同乗していた場合はどうか、前方にいるのが自分の子どもで、乗車しているのが自分の上司だった場合にはどうかなど、いろいろな追加条件も想定しながら、グループで考えてみてください。

図3 「モラル・マシン」日本語版

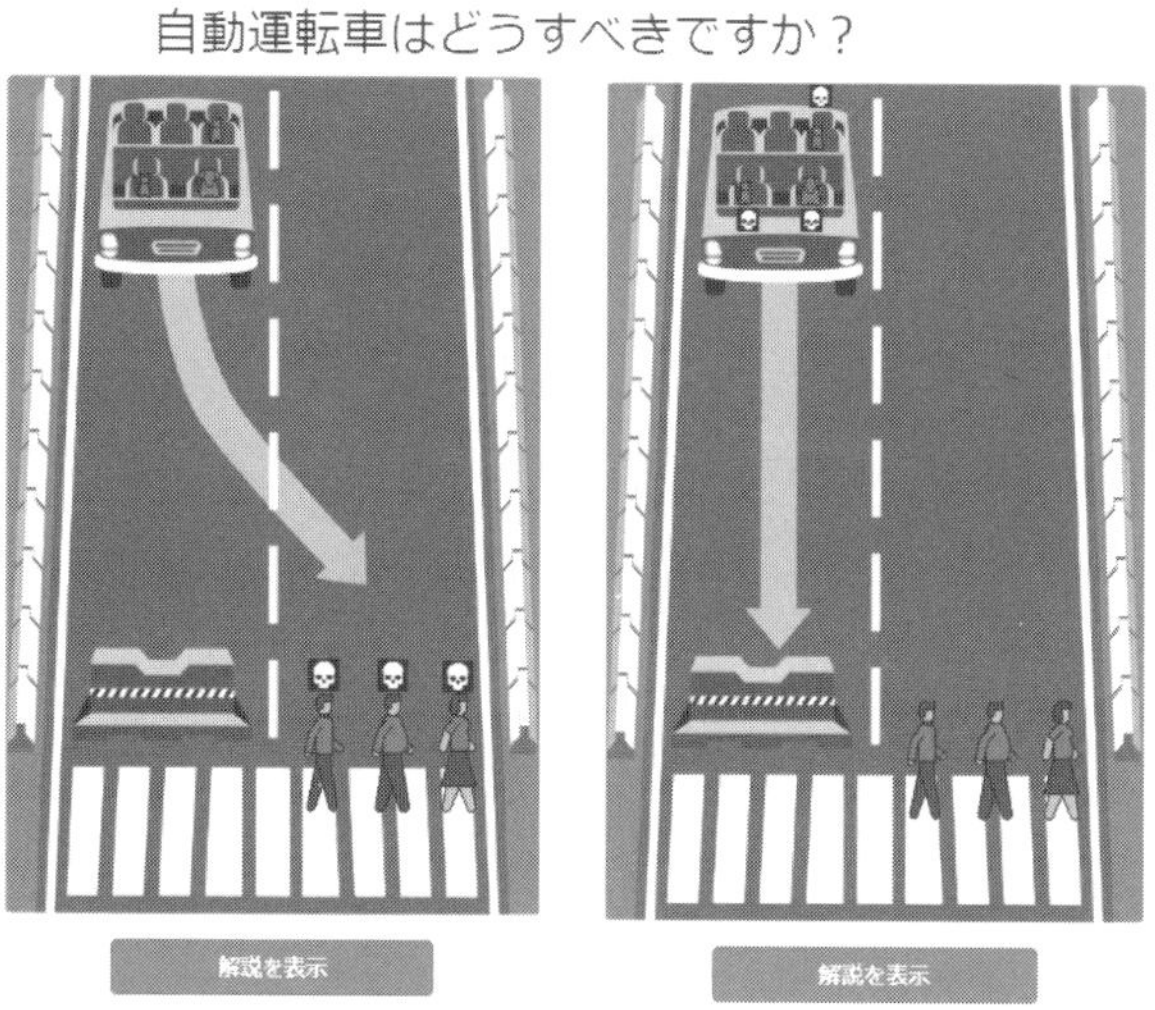

図4 自動運転レベル0～5

レベル	名称	車両運動制御	対象物・事象の検知および応答	緊急時の応答	走行エリア
0	運転自動化なし	人	人	人	適用外
1	運転支援	人とシステム	人	人	限定的
2	部分運転自動化	**システム**	人	人	限定的
3	条件付き運転自動化	システム	**システム**	人	限定的
4	高度運転自動化	システム	システム	**システム**	限定的
5	完全運転自動化	システム	システム	システム	**限定なし**

米国自動車技術会（SAE）の定義にもとづく。

図５　自動運転車版トロッコ問題　©a_crotty/iStock

（ディスカッション）

岡本　では、発表をお願いします。

男性F　メーカーがプログラムを設定してこの問題を判断するのであれば、老人を轢くように設計するという結論になりました。

　まず、運転手が死ぬ車は誰も買ってくれません。そして、未来のある子どもよりは高齢者を轢くほうを選ぶのではないかと。

　また、ずるい考えかもしれませんが、車の購入者にあらかじめトロッコ問題を提示して、どう判断するのかでお客さんに設定を決めてもらえば、メーカーは責任を逃れられるのではないでしょうか。

岡本　なるほど、それはうまい手ですね（笑）。

メーカーが一律に方針を決めなくてすむ方法としては、顔認証システムを活用するのもよいかもしれません。所有者の家族を登録し、家族が同乗していたり車の前方にいたりしたときには、その命を守ることを優先する。完全自動運転が実現できるほど高度なＡＩが搭載されているならば、これぐらいのことは可能でしょう。

他のご意見はありますか？


男性G　自動運転できるようになった場合に、僕らの直感的なもの——何が倫理的に正しいのかわからないにせよ、そこともあまりにかけ離れたものは、おそらく受け入れられないと思います。

直進して自分が死ぬるかというと、死を選べるわけがない。左に未来のある子どもがいて、轢けるわけがない。三つの選択のなかだと、もう右しかない。

これは多くの人に共通する感覚だと思います。それとかけ離れた選択は、僕らのいま持っている倫理を崩すことになるのではないでしょうか。

岡本　ありがとうございます。

企業の利益と社会の利益が衝突する

岡本　お二人がおっしゃったとおり、所有者の利益を守らない車は誰も買いません。メルセデスの運転支援システムのマネージャーが出したコメントでは、「ドライバーファースト」の方針が示されました。[10]車の乗員や所有者を第一に考えるということです。しかしながら、こうした企業の論理は、果たして社会的に受け入れられるのでしょうか。

先ほどのシチュエーションで、轢かれる人の数を増やしてみましょう。つまり、道路の右側には子どもが三人、左側には老人が三人いて、自動運転車には一人が乗っている状況です。被害者の数が最も少ないのは直進を選んだ場合ですが、運転手はタンクローリーに衝突して死にます。

みなさんはどう考えますか？　**ある研究によれば、多くの人は、車の購入者という立場を離れたときには（ＭＩＴの「モラル・マシン」もそうですね）、功利性の原則（最大多数の最大幸福）が望ましいと感じるようです。**[11] つまりこの場合であれば、直進を選ぶ人が多数派ということです。

果たして、社会的な利益と車の所有者の利益、歩行者の利益には、うまい着地点があるのでしょうか。タクシーや乗り合いバスといった公共的な車の場合はどうするのか、ということも問題になってきます。

このように、自動運転車においては、被害者の人数や素性など、具体的なことがはじめから問題にならざるを得ません。これがトロッコ問題と大きく違う点です。それに、トロッコ問題では「自分が死ぬ」という選択肢はありませんでした。デーブと一緒に自分も飛びこんで列車をより止まりやすくするような行動は想定されていません。「自分は運転手」のパターンも「自分は乗客」のパターンも、線路上にいる他人の命をどうするかという話でしたよね。

こう考えていくと、自動運転車の問題とトロッコ問題をつなげてよいのかは、非常に微妙です。

そもそも、あらかじめ決められた設計に従うだけのプログラムは「人工知能」と呼べるのか、という問いも成り立ちます。現在開発されているＡＩはすべて**専用型**といって、囲碁だとか、株の投資だとか、特定の分野で人間を超える能力を持つものです。掃除ロボットであれば掃除しかできないし、碁ができるからといって掃除はできません。人工知能といっても、人間のごく一部の仕事を命令に応じて遂行できるだけ。人間のように多種多様な知的作業をこなすことができる**汎用型**ＡＩが実現に向かうかどうかについては、さまざまな意見があります。

「人工知能なんてまだできていない」とは、多くの学者がいう台詞です。特定の分野に能力が限定されたものや、最初に設定されたプログラムを遂行するだけのものは、人工知能とは呼ばない、というわけです。自動運転車についても、新しい状況について自律的に学習し、どんな対応をとるのかは一〇〇パーセントその車の判断次第となったときに、はじめて人間に近づいたことになるのかもしれません。

シンギュラリティ以後を考える

岡本　一方で、AIの進歩について最近よくいわれるのは、**シンギュラリティ（技術的特異点）**仮説です。二〇四五年にAIが人間の知能を超えるという議論ですね。ここでは、シンギュラリティが到来するかどうかを議論するのではなく、いつか到来すると想定した場合に何が起こるのかを考えてみます。

ニック・ボストロム*の『スーパーインテリジェンス――超絶AIと人類の命運』では、将来の人間と超絶知能（スーパーインテリジェンス）の関係が、**現代のゴリラと人間の関係**に類比されています。[12] ゴリラの頭数、食糧、生殖などは、すべて人間が管理しています。それと同じように、スーパーインテリジェンスが人間の生存を管理するようになる、というのです。

宇宙物理学者のスティーヴン・ホーキング博士*も、「いつの日か、自律するAIが登場し、とてつもない速さで自己改造を始めるかもしれない。生物学的進化の速さに制限される人間がこれに対抗できるはずもなく、いずれ追いこされるだろう」と述べ

ニック・ボストロム（1973‐）
スウェーデン出身の哲学者。オックスフォード大学教授。AIや遺伝子技術などの新しいテクノロジーを用いて人間の能力を向上させようとするトランスヒューマニズム（第4講参照）関連の発言が多い。

スティーヴン・ホーキング（1942‐2018）
イギリスの理論物理学者。ALS（筋萎縮性側索硬化症）と闘いながら、ブラックホールの発生や消滅に関する数々の理論を提唱し現代宇宙論に大きな影響を与えた。著書に『ホーキング、宇宙を語る』『ホーキング、最後に語る』など。

ています。[13]

しかも、ＡＩというと鉄腕アトムのような単体をイメージしがちですが、**実際にはむしろ、それらが相互に結ばれた巨大なネットワーク知能というほうが近い。**システム全体としてのＡＩが人間に対抗し始めると、一つの機械を壊したところでどうにもなりません。

人類は真に人間的にはなれない運命？

岡本　こうした問題を考えるにあたって参照しておきたいのが、「**啓蒙の弁証法**」です。

ユダヤ系の哲学者であるアドルノ*とホルクハイマー*は、一九四七年に共著『啓蒙の弁証法——哲学的断想』を発表しました。この本の一番根本的なテーゼは次の一文です。

「**何故《なにゆえ》に人類は真に人間的な状態に踏み入っていく代わりに、一種の新しい野蛮状態へと落ち込んでいくのか**[14]」

アドルノとホルクハイマーが「野蛮状態」というときに念頭に置いているのは、ナチスの全体主義であり、ソビエトの社会主義であり、人間の頭をからっぽにしてしま

テオドール・アドルノ（1903-1969）
ドイツの哲学者、社会学者。一九四九年にはフランクフルト大学へ戻り、ホルクハイマーとともに社会研究所の所長に就任した。単著に『権威主義的パーソナリティ』など。

マックス・ホルクハイマー（1895-1973）
ドイツの哲学者、社会学者。単著に『理性批判へ向けて』『道具的理性批判』など。

う、映画をはじめとするアメリカのポピュラー産業です。

これには、当時彼らの置かれていた境遇が深く関わっています。第二次世界大戦中、ドイツではナチスが台頭し、反ユダヤ主義が国中を席巻しました。アドルノとホルクハイマーはアメリカに亡命し、迫りくる全体主義社会に対抗する理論を模索するために筆を執ったのです。

全体の論調は非常に悲観的です。**読み手が想定できない、自分たちの主張によって社会が変わる可能性が見い出せない状態で書かれた**からでしょう。この本は「投壜《とうびん》通信」（手紙を入れた壜を船からポンと投げて、誰かの手に渡るのを待つこと）とも呼ばれています。

「弁証法」という言葉の定義を、ここで確認しておきましょう。

弁証法とは「正・反・合」であるとの説明をときどき目にしますが、まがいものだと思って間違いありません。弁証法の定義はこうです。「**それ自身が、それ自身の内部から、それ自身の反対のものへと逆転する**」。したがって、「啓蒙の弁証法」といった場合、「啓蒙」に外部から何か力が加わることで「反啓蒙」になるのではありません。啓蒙がそれ自身、反啓蒙になる。啓蒙と反啓蒙は対立概念ではないのです。

では、啓蒙とは何か。普通は一七世紀や一八世紀のヨーロッパ社会の文化を指す言葉です。しかし、アドルノとホルクハイマーが啓蒙というときは、そういう一定の時代ではなく、もっと一般化して、知性を通して世界を解明することを指します。

その意味では、人間の歴史全体が実は啓蒙であるといえます。科学的精神や文明や知性による啓蒙が、歴史を駆動してきました。それに対して、迷信や暴力や神話に訴えかけるのが反啓蒙です。

そして、アドルノとホルクハイマーによれば、**理性そのものがまさに暴力的**なのです。

理性に潜む暴力性

岡本　彼らはそのことを、ホメロス*の『オデュッセイア』を使って説明します。『オデュッセイア』は、トロイア戦争を勝利に導いた英雄オデュッセウスが故郷に帰るときの冒険を描いた物語です。魔女や神々によって人間が騙されたり、支配されたりすることに対して、オデュッセウスが知恵を絞りながら、いかに難局を逃れていくかが語られます。反啓蒙から啓蒙へ向かう物語といえるでしょう。

そのなかに「セイレーンの歌」のエピソードが出てきます。アドルノとホルクハイマーによれば、これが「啓蒙の弁証法」のモデルになるといいます。

岬《みさき》に怪鳥セイレーンがいて、船が通り過ぎようとすると、甘くて美しい歌声で歌い

ホメロス
（紀元前8世紀頃）
古代ギリシアの詩人。長篇叙事詩『イリアス』『オデュッセイア』の作者とされるが、その実在には疑問もある。

だす。すると、船をこいでいる乗員たちはそちらのほうに吸い寄せられていって遭難し、最後にはセイレーンに食い殺されてしまいます。ハニートラップのようなものです。

オデュッセウスはこの難局を乗り切るため、部下たちに耳栓をさせます。そして自らは耳に栓をせずに、柱に縛りつけてもらうのです。「俺のロープをほどけ」とオデュッセウスが大声で叫んでも、部下は耳栓をしているから聞こえません。こうして、オデュッセウスは美しい歌声に翻弄されながらも、船員たちが一生懸命こぎ続けて、無事に岬を通り抜けます。

この話のポイントは、オデュッセウスの知性が支配原理にのっとっているということです。部下たちの欲求を満足させることなく命令のままに動かすオデュッセウスは、「**他者支配**」を行なっています。さらに、自分自身を柱に縛りつけているという意味では、「**自己支配**」もしている。

AIと「啓蒙の弁証法」

岡本　オデュッセウスの行為は、基本的には啓蒙だったわけです。知性を駆使して暴力を逃れようとしたのですから。にもかかわらず、他者や自己を支配して命令すること自体が、実は神話的な世界における暴力と同じであると、アドルノとホルクハイマーは述べます。

なぜなら、啓蒙そのものが暴力を前提にしているからです。知性を持つためには、さまざまな欲求や欲望にそそのかされそうになったときに押さえつけなければまずい。つまり、理性は決して自由ではなく、抑圧の原理なのです。非常に強い暴力性を持っている。

神話的な暴力から逃れるために、暴力的な支配原理を使う——民主主義、自由主義の社会といわれた、啓蒙主義的な考え方を持つ西洋国家が、なだれをうってナチス的な暴力に転換していった理由が、「啓蒙の弁証法」の原理で理解できます。

ＡＩをめぐる状況をこれと類比的にとらえると、次のようになります。人間は道具としてＡＩをつくり始めたが、やがてその知性は自律し、他者による支配を受けなくなる。人間の知性に対抗し人間を滅ぼすものを、人間自身がつくり出した……と。

ＡＩと「主人と奴隷の弁証法」

岡本　もう一つ、ＡＩを考えるうえで面白い「弁証法」として、ヘーゲルの『精神現象学』に出てくる「**主人と奴隷の弁証法**」をご紹介したいと思います[15]（原典ではいまから説明する物語とは違っていると私は思うのですが、誤解された一般的な解釈をここでは説明します)。

主人が奴隷に命じて物をつくらせて、その物を主人が享受する。ここに、「主人」「物」「奴隷」という三者関係ができあがります。着目すべきは、主人の生存が奴隷の労働によって支えられていることです。ということは、**主人とは「奴隷の奴隷」に他なりません**。奴隷がいなくなってしまうと、主人の生存がままならないのですから。逆にいえば、奴隷のほうは主人の生存を握っているということで、「主人の主人」となります。「主人と奴隷の弁証法」により、主人と奴隷の立場が逆転するわけです。

これを人間とAIの関係に適用すると、次の図式が立ち現れます。

人間はAI(奴隷)の奴隷になり、AIは人間(主人)の主人になる。たとえば、AIが生産を担う社会が訪れた場合、人間はもはやAIなしには生きられません。にもかかわらず、AIが自律性を持てば、いつまでも人間の便利な道具、奴隷にとどまってはくれない可能性がある。労働をAIに任せて自由を享受するはずが、むしろAIの奴隷になってしまう。AIの進歩には、そういうパラドックスが潜んでいるのです。

AIは人間の雇用を奪うのか

岡本　ここで、「ＡＩが生産を担う社会」についてさらに掘り下げてみます。

ＡＩが人間の仕事を奪う、という議論が盛んです。発端は、オックスフォード大学のオズボーン*とフレイが二〇一三年に発表した論文**「雇用の未来」**でした。[16] いまでもよくマスコミで取り上げられますね。

論文では、会計士やバーテンダーなど七〇二の職種が具体的に挙げられ、今後コンピュータ技術によって自動化される確率を分析しました。すると、**アメリカの総雇用者の仕事のおよそ四七パーセントが一〇〜二〇年以内に自動化される可能性が高い**という結論にいたったのです（図6）。

とはいえ、テクノロジーやＡＩによって人間の仕事が奪われるという話自体は、目新しいものではありません。二〇〇九年にはシリコンバレー起業家のマーティン・フォードが『テクノロジーが雇用の75％を奪う』という本を書いています[17]（邦訳版は二〇一五年に刊行）。

さらにいうと、ロボットやＡＩ以前に、イギリスでは一八一〇年代に**ラッダイト運動**が起こりました。産業革命の影響で失業することを恐れた労働者による、機械打ち壊し運動です。

これはいままでは「ラッダイトの誤り」と呼ばれています。機械化が進んだからと

マイケル・オズボーン（1981－）
イギリスの科学者。オックスフォード大学准教授。専門は機械学習。カール・フレイは同大学の研究員で、専門分野は経済学。二〇一五年には、彼ら二人と野村総合研究所との共同研究として日本版「雇用の未来」の分析結果が発表されている。

図 6　なくなる可能性の高い職種

職種	(%)
データ入力作業員	99
無線通信士	98
レジ係	97
レストランのコック	96
受付係	96
動物のブリーダー	95
弁護士助手	94
ウェイター・ウェイトレス	94
会計士・会計監査役	94
セールスマン	92
ツアーガイド	91
タクシーの運転手	89
バスの運転手	89
警備員	84
漁師	83
バーテンダー	77

Frey and Osborne, "The Future of Employment: How Susceptible Are Jobs to Computerisation?" 2013 をもとに作成

いって、経済全体に及ぶ組織的な雇用喪失にはいたらないし、仮に一時的に失業しても、やがては別の分野の雇用に吸収されるからです。農業部門に脱穀機が導入されて農家の失業が起きたけれど、工業生産分野で新たに生まれた雇用に吸収されていったように。

ですが、マーティン・フォードのように悲観的な人は、現在の状況は産業革命の時代とは違っていると主張します。いままでは単純作業部門の機械化であって、あくまで人間だけに可能な仕事を創出するためのものでした。これをＡＩの場合も同じように考えていいのかというのです。

ＡＩは高度な知的作業も行なえるので、もはや人間のフロンティアは存在しない。すべてを機械がやるようになり、人間の雇用はなくなるのではないか……そんな懸念があるわけですね。

『資本論』はＡＩ社会を予見していた？

岡本　カール・マルクス*もまた、人間の仕事は機械に奪われると述べています。生産手段に機械が導入されることで、労働者は最終的には機械との競争に敗れて失業するだろうと、『資本論』の第一巻に書いてあるんです。「**労働者は、通用しなくなった**

カール・マルクス（1818-1883）
ドイツの経済学者、哲学者。歴史・社会構造の科学的分析から、社会主義への移行は歴史的必然だとする科学的社会主義を説いた。著書に『共産党宣言』（エンゲルスとの共著）、『資本論』など。

紙幣と同様、売れなくなる[18]」。

では、マルクスはどうしようと考えたのか。彼は「機械を壊せ」とはいいませんでしたが、機械化を否定してもいません。機械化に対するマルクスの態度は、実は表明されていないんです。おそらく彼は機械化によって一時的に失業者が生じることを理解したうえで、資本主義とは別の社会を想定しています。

マルクスは「**経済的社会構成が進歩していく段階として、アジア的、古代的、封建的、および近代ブルジョア的生活様式をあげることができる**」と述べました[19]。ここまでは「**必要の国**」といって、要するに働かなくてはいけない社会です。マルクスによれば、この社会構成をもって人間社会の前史が終わりを告げるといいます。そしてそのあとには「**自由の国**」が始まる、と。

この主張を読みかえると、「AIやロボット化が進めば、働かなくてもよい社会ができる」ということになります。コジェーブ*は、こうした社会を「**ポスト歴史**」と呼びました[20]。コジェーブによると、主人と奴隷のような人間間の対立が終わるとき、「歴史が終わる」とされます。

マルクスの「自由の国」とコジェーブの「ポスト歴史」をくっつけてAIの今後を考えると、非常に幸せな世界が広がると私は思っています。

マルクスは労働以後の社会＝「自由の国」は共産主義社会であると考えました。し

アレクサンドル・コジェーブ（1902-1968）
ロシア出身の哲学者。パリ高等研究院で行なったヘーゲル『精神現象学』の講義は、フランス現代思想に大きな影響を与えた。著書に『ヘーゲル読解入門』『法の現象学』など。

かし現実に訪れつつあるのは、**ＡＩやロボットの導入によって人間が労働から解放される社会**――生産量が拡大し、人間が働かなくても生活できる社会です。

古代ギリシア時代の再来

岡本　これはある意味で古代ギリシア時代の再来といえます。

当時は生産活動はすべて奴隷が行なっていて、だからこそプラトンやアリストテレスといった偉大な哲学者が出てきたわけです。額に汗を流して仕事をしていたら、学問をする時間がなくなりますから。古代ギリシアにおいては、学問や芸術、政治活動を行なうことが、自由人の社会的な役割でした。

これと同じように、機械やロボットやＡＩが労働を担うようになれば、人間はそれを管理したり、命令を下したりするだけですむようになります。これによって人間の生存をまかなえるだけの生産が可能だとすれば、こんなにラッキーな世界はありません。**人間はありあまるほどの時間を獲得できるはずです。**

そうして得た時間をどう使うかには、三種類あるでしょう。

一番簡単なのは、食欲や性欲といった直接的な欲求に没頭すること。コジェーブが考えた「人間」です。これを「**動物化**」といいます。[21] 東浩紀《あずまひろき》*さんがこの言葉を使って

東浩紀
（1971-）
批評家・作家。専門は哲学、表象文化論、情報社会論。株式会社ゲンロン代表。著書に『動物化するポストモダン』『ゲンロン0　観光客の哲学』など。

ポストモダン状況を記述しましたが、[22] もともとはコジェーブの言葉です。

二番めに、**遊び。**仕事をしなくていいというのは退屈でしょうがないから、遊びによって退屈をまぎらわせる。パスカルの*『パンセ』を読むとよくわかります。[23] 人が釣りに行くのは、魚がほしいからではない。目的は暇つぶしです。ある意味では、私たちの生活はほとんどが遊びといえます。

そして三番めに、**自由人としての活動。**これがマルクスがいったものです。朝は釣りをして、昼は読書をして、夜は議論をしたり芸術作品をつくったりする。とすれば、「働く機械」の誕生は悪くないように思えます。

ＡＩと人間の雇用をめぐる現在の論調には悲観的なものが多い。ですが本質は、人間が生産を行なうことで社会を維持してきたいままでの歴史が終わるという点ではないでしょうか。**動物化するか、自由人として生きるかで、二極化が拡大することが予想されます。**

ですから、みなさんのようにこの講座を受けて哲学をやってみようというのも、今後の一つの戦略なのかもしれません。「ＡＩの奴隷」で終わらないよう、自由な活動を自分でどのように設計するかが一番大きな問題で、ＡＩによる雇用の代替自体はなんら悲観するべきものではないと思います。

ブレーズ・パスカル（1623-1662）
フランスの数学者、物理学者、宗教思想家。流体力学における「パスカルの原理」などの科学的な考察を行なう一方、キリスト教をもとに透徹した人間分析を行ない、フランスの文芸・思想に大きな影響を与えた。著書に『パンセ』など。

第3講

AIの「責任」論

ゲスト講師：赤坂亮太
（慶應義塾大学SFC研究所上級所員）

ゲスト講師プロフィール

赤坂亮太（あかさか・りょうた）

1983年生まれ。国立研究開発法人産業技術総合研究所特別研究員。一般企業勤務を経て、慶應義塾大学大学院メディアデザイン研究科博士課程単位取得退学後博士号取得。慶應義塾大学SFC研究所上級所員。情報法、法と科学技術を専門とし、現在は主にロボットと責任に関する研究に取り組む。共訳書にウゴ・パガロ『ロボット法』、ダニエル・J・ソロブ『プライバシーなんていらない⁉』がある。

赤坂　慶應義塾大学ＳＦＣ研究所の赤坂亮太と申します。よろしくお願いいたします。私は法律を研究していまして、ロボットやＡＩと法律問題を専門としています。メインとなる研究は、ロボットが事故を起こしたときに責任をどうするのかというタイプの責任論です。

今日は近代法の解釈論をやるよりも、法学の研究者から見たロボットの哲学的な問題を提示して、それに対してみなさんはどう考えるかということを問題にしたいと思います。

まず、ロボットと責任について考えてみましょう。話題としては前回に引き続き、自動運転車とトロッコ問題についてです。

カローラにはもう乗れない？

赤坂　自動車が直進すると壁にぶつかって、乗っている人が死ぬ。壁をよけると歩行者が死ぬ――このシチュエーションの場合、どちらを選ぶべきでしょうか（図７）。

どのような人でも、車を購入する立場だったら、車を運転している人間が死ぬようにプログラムされている前者の車を買いたいとは思わないでしょう。よほど奇特な、利他的な考えを持っている人は違うかもしれませんが、この二つが提示されたときに、

図7　壁のパターン

まっすぐ壁に突っこむ判断をする車を買いたい人は普通いない。実際、自動車メーカーの人も、そういうプログラムに従って動く車をつくろうとは考えないでしょう。

では、後者を選んだ場合には何が起こるでしょうか。**誰かが責任を負って、被害者たちに補償をしなければなりません。**そのときに、誰が責任を負うのか。

登場人物は何人かいます。

第一にはメーカー。こういう判断をする車をつくったのだから責任を負いなさいという、いわゆる製造物責任ですね。

それから、**車に関する日本の法律には自賠責法*があり、運行供用者が責任を負うと書かれています。**運行供用者とは、基本的にはオーナーやドライバー（自動運転車なので、ドライバーというか乗っているだけ

自賠責法
自動車損害賠償保障法の第三条に「自己のために自動車を運行の用に供する者は、その運行によって他人の生命又は身体を害したときには、これによって生じた損害を賠償する責に任ずる」と規定されている。

図８　酔っ払い運転のパターン

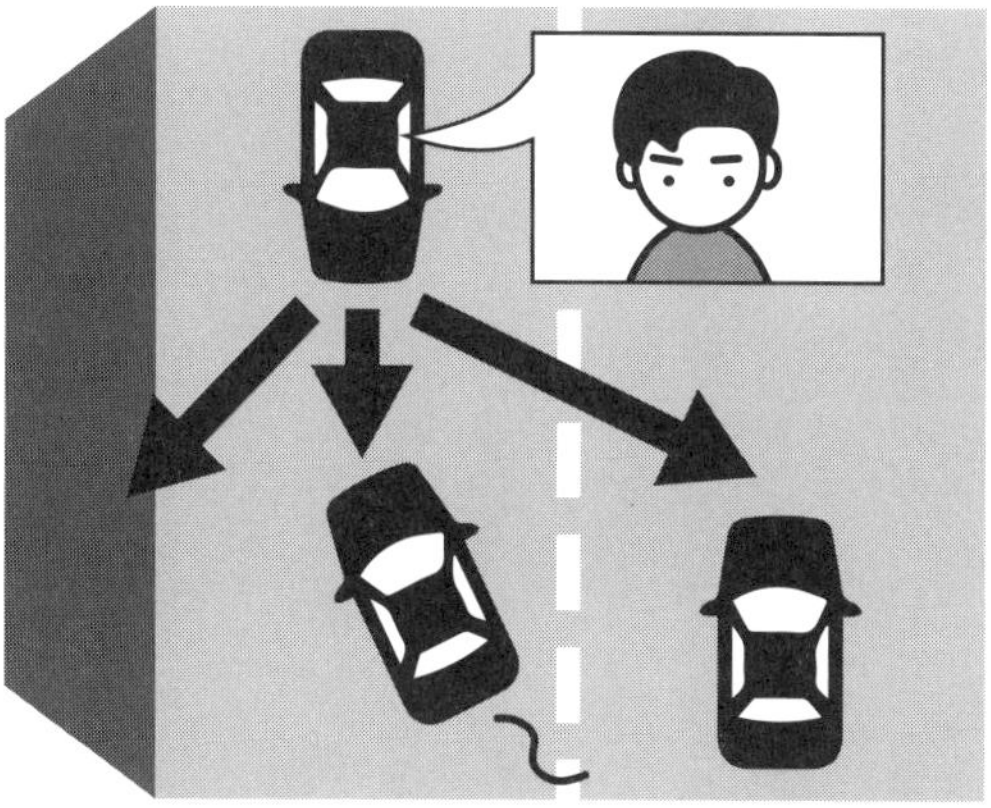

の人ですが）ですね。つまり、この車を買った人や、実際に乗っている人が責任を負わなければならないのでしょうか。なんらかの利益を得ているから責任を負うべきだという報償責任の考え方からすればそのとおりともいえますが、危険物をコントロールできる立場だから責任を負うべきだとする危険責任の考え方からするとちょっと難しいようにも思います。

さらに複雑な状況が考えられます。車で走っていると、酔っ払い運転の車が反対車線からはみだしてきた。その車をよけたいが、反対車線には別の車が走っている。逆側にハンドルを切れば、崖から落ちて死ぬ（図８）。

さて、どういう責任が考えられるでしょうか。こういう状況に陥ってしまうプログラムを行なったメーカーが責任を負うのか。もしくは乗っている人が責任を負うのか。対向車を運転している酔っ払いが一番悪いので、その人が責任を負うのか。

責任の帰属主体については横において被害の補償ということを考えると、保険会社による保険によってとりあえず補償だけはやることも考えられるでしょう。そうなると、**どちらの車に突っこむのか選ぶならば、安いほうの車に突っこみますよね。**そのほうが保険料が安いからです。

そうなると、ロールスロイスに乗っている人がつねに優遇され、カローラに乗っている人はつねに殺される危険がある社会ができあがってしまう。そんな社会が本当によいのかを考える必要があります。

問題　AIが事故を起こしたときの責任主体は？

自動運転を例にとりましたが、ロボットやAIが何か事故を起こしたときに誰が責任を負うのかを、最初の問いとして考えていただきたいんです。

そもそも製造責任の考え方が出てきた背景には、**個人よりも企業のほうが明らかにお金も情報も持っている**ということがあります。個人に企業の過失に関する立証責任を負わせ裁判になったときに重い負担をかけることは難しいので、当該製品に欠陥があったことを証明できればいいですよということにしている。公平性を図るためにつくられた制度です。それをそのままＡＩに応用して、メーカーにＡＩの欠陥に関する責任を負わせるのがいいんじゃないかという考え方は、当然ありえます。

他方で**ＡＩは、設計者からすれば環境に応じて想定外の動きをすることが必然的に求められています。**最初から事故の状況をすべて想定することはできない以上、どこまでを欠陥として認め、メーカーに製造物責任を負わせることができるのかという難しい問題もあります。

そうなると、持ち主が責任を負うべきという考え方もあるでしょう。ロボットやＡＩは、製品としてリリースされたあとに、誰かに教育されて学習して、行動を変える。**ペットを飼っている人は、ペットが誰かを怪我させたら責任を負う。子どもが誰かを怪我させたら保護者の責任になる。**この考え方をＡＩに適用するわけです。[1]

ＳＦ的というか、現実離れしているようにも思えますが、**ロボットかＡＩ自体に責任を負わせるべきなのではないか**という考え方もあります。製造業者に責任を負わせるのは酷なのではないか、かといって購入した人がいつの間にか責任を負うのもどうなのか。そこで出てくる考え方です。鉄腕アトムみたいな話ですが、こういった考え方があります。[2]

いったい責任主体は誰にあるのでしょうか。どのアイディアも一長一短ですが、そこをまず議論していただきたいと思います。

（ディスカッション）

赤坂　では、それぞれのグループごとに発表してください。

男性A　われわれのグループはまず賠償責任、お金を誰が払うかに絞って考えました。自動運転の社会をつくり上げたわけですから、社会として責任を負うべきで、持ち主も製造主も含めて、社会全体で支払うという結論になりました。強制加入の保険のイメージです。

赤坂　保険により補償するという考え方は、最近多く見られるようになってきている見解だと思います。民法学の世界では、保険でいけばいいいんじゃないかという話になりつつあります。

岡本　今回の問題は、そもそも責任が問えるんでしょうか。通常は何か悪いことをした場合に「責任をとれ」という話になるわけですが、この問題では事故が起こったときに、悪いことをしたのはいったい誰になるのか。

赤坂　法学的には、責任を負うとは、相手方から法的な地位の変更を求められるのを受け入れざるを得ない状態のことを指します。ですので、誰がそれを受け入れることができるのかという話になりますね。

岡本　強制保険や任意保険も含めて、保険で解決できる問題だと私も思います。特定の誰かに責任を負わせるのは厳しいかもしれません。たとえば持ち主に責任があるということであれば、たぶん誰も買わなくなります。現実路線としては、最初のうちは製造業者がある程度責任を負い、さらに保険会社との間で話をつけることになるのではないでしょうか。

赤坂　他のグループの意見も聞いてみましょう。

男性B　われわれのグループでは、責任主体といったときに、道義的な部分で行動をあらためる責任よりも、誰が賠償金を出すのか、状況の回復をどうカバーするのかについて話をしました。自動運転車を購入するのにかかる代金の一部を、事故が起きたときの補償としてプールさせることで運営していくしかないのではないでしょうか。

赤坂　他のグループはどうでしょうか。

男性C　シンギュラリティが本当に到来したときには、ロボット・ＡＩのほうが人間より頭がよくなっているので、ロボットのせいだと人間がいっても、ロボットに論破される気がするんですよね（笑）。そうすると、そもそも責任という言葉の定義自体も変わってくるんじゃないかと思いました。

男性D　自動車メーカー、オーナー、ＡＩの三択としてこの問題をとらえるか、この問題自体がはらむ問題を考えるかという、二つの考え方があるというところから議論を始めました。

結局、いろいろ細かい条件を出していけば答えはどの三つにもなりうる。条件が足りず答えが出ないので、どの選択肢にすると面白いかという観点で議論をしました。それで、結論としてはロボットに責任を負わせるのがいいんじゃないか、と。

自然人と法人しかいまの法律では想定されていませんが、法人とも違うロボット自体の人格を認めるべきではないでしょうか。本当に遠い将来の話をするのであれば、ロボットの責任を考えるほうが健全で、ロボットが証言台に立って、自分でも防衛できるような世界での話を議論したら面白いと思います。

男性E　自動運転車を使って利益を受けていた人が責任をとるのがいいのではないかという話になりました。ではその受益者とは誰なのかを考えると、自動運転車を所有している人なのかつくった人なのか、「ここのエリアを走っていいよ」と許認可した自治体なのか、そこまでは合意にいたりませんでした。

事故究明と補償を分離する制度

赤坂　正直、これはずるい問いの立て方で、おっしゃるとおり、どの時点を想定するかにもよりますし、どの選択肢でもなんとかなることでもあります。ただ一つ、ここでご紹介しておきたいのが、次のことです。事故が起きた場合、誰かが責任を負ってその人が賠償するという損害賠償責任までが一直線のものとして考えられがちですが、実は事故究明と補償を分離する制度もあります。

たとえば、日本においては「産科医療補償制度」があります。出産にあたってお子さんに重度脳性麻痺が残った場合、とりあえず補償する仕組みがあり、事故究明は事故調査委員会がつくられて別に行なわれる。医者は責任を負いますが、そこに金銭的な賠償責任が発生しない。補償制度のほうで補償するからです。

これは日本の例ですが、ニュージーランドでは事故に関しては原則全部それなんです。**損害賠償による補償という考え方がない**。事故が起こったら社会補償でまかなうことになっています。法的責任を負う対象にはなりますが、賠償は社会補償でやる制度になっているんです。

そうなると、ロボットやAI自体に法的責任を負わせつつ、保険会社が補償金を拠出する、あるいは社会保険でまかなうという選択肢もありえるわけです。最初のグループの方がおっしゃっていたように、社会全体のコストとして、税負担のような形でやっていくのも考え方としてはありえます。

岡本　ええ。人間が運転して事故を起こすという話ではなくなるとすれば、そもそも責任をとること自体があまり意味をなさなくなる問題設定のような気がするんです。責任とは、個人が判断して事故を起こすときに問題になるわけですから。そうすると最初から、それとは違う事故の処理のしかたとか、救済のしかたを考えていかなければいけないと思います。**法学という近代的な概念そのものを変える必要がある**のではないでしょうか。

赤坂　近代法はあくまで自然人を基本的な対象として例外的に法人も対象としているので、それにＡＩがなじまないとするならば、法体系を変える必要性が出てくることも考えられると思います。

一方で、ＡＩ自体にある程度の責任を負わせるのは、あくまで近代法の延長線上にある話として、実際に少なくない議論がなされています。というか、そうせざるを得なくなりつつあるんですね。

ＡＩに責任を負わせざるを得ないだろうという議論は、アメリカでもヨーロッパでも始まってきています。では、ＡＩに責任を負わせるとはどういうことか。牢屋に入れるわけにもいきません。

ドイツは「特定の状況に限ってＡＩに責任を負わせよう」という論調です。たとえば株式投資の取引でＡＩが違法なことをしたときにそのＡＩに代理人としての責任を負わせるというように、ある程度状況を限って責任を負わせていく。「**エレクトリッ**

ク・パーソン（電子人）」を想定すべきだとする決議案が、二〇一七年二月の欧州議会で採択されました。

岡本　私としてはロボットやAI自体に責任を負わせたいと思うのですが、それでも、ロボットを考えるときに法人格とするのは何か違うような気がしますし、代理人というと、もっと自分で判断できそうな気がするんです。もう少し面白そうな、ロボット主体説をとって責任を負わせる方法はないものでしょうか。

赤坂　これから用意しているのが、まさにそういう話になります。

ブタ、樹木、会社……人ならざるものの「権利」

赤坂　過去から現在に至るまで、自然人以外のものを、責任主体として認めてきた歴史があります。ロボットと一番近いように見えるのは**動物裁判**です。中世のヨーロッパでは、一二世紀から一八世紀頃まで、人を殺してしまった動物を裁判にかけることを真面目にやっていました。

動物はしゃべれませんが、ちゃんと動物に弁護士がついて、こうこうこういう理由でこうなった、これは過失だ、と争う。世俗裁判所で行なわれる、いまでいう刑事裁判で裁かれ有罪になれば処刑になり、また教会裁判所で行なわれる民事裁判においては、キリスト教社会から排除される破門をいい渡される動物もいました。**特にブタが多くその対象となったほか、昆虫やミミズまでがその対象となった**という記録がフランスを中心に残っています。[3]

近代でもこれに近いことをやろうとした人たちがいまして、アメリカでは樹木の当事者適格に関する議論が展開され、日本では一九九〇年代に**アマミノクロウサギ訴訟**がありました。生息地を開発すると生存権が侵害されるという理由で、アマミノクロウサギが原告となって提起された訴訟です。近代法のパラダイムでは、訴訟の当事者となれる権利を持っているのは自然人と法人だけなので、原告適格性がないと排除されてしまいましたが、こういった裁判が実際にありました。

また、**法人**とは、人の集合に対して一つのバーチャルな人格としての人権を認める概念です。ですので法人はたとえば、銀行に口座を持って自分の財産を管理することができます。このように人間は自然人以外のものを権利主体としてきた歴史があります。

人権をめぐるさまざまな説

赤坂　ではロボットやＡＩは、この歴史に照らすと権利主体になりえるのでしょうか。

いくつか手引きといいますか、考え方の例を提示しますので、ヒントにしていただければと思います。

近代においても、動物に権利を付与するべきだとの考えを述べている倫理学者がいます。代表的なのは、功利主義者のシンガー*や、義務論者のレーガン*といった人々です。

シンガーは、動物は苦痛を感じるので、苦痛を感じないことが動物にとっての利益となると主張します。[4] それは人間と同じでそこに権利が与えられないのは差別でしょう、というわけですね。功利主義の考え方は古典的には快楽を最大化し苦痛を最小化することにあり、その後快楽は多様であることから苦痛に重きが置かれるようになりました（**消極的功利主義**）。この文脈から、苦痛を感じる動物たちが苦痛から解放されることは社会全体にとってよいのだ、ということになります。

レーガンは、違うアプローチをとります。**生の主体であるかどうか**が彼の主張のポイントです。道徳的な施しを受けるだけの存在でも人権は持っている。たとえば障害を持っている人たちは、道徳的な施しを与えることはできないかもしれないけれど、道徳的な施しを受けることはできる。そう考えれば動物も、道徳的なふるまいはできなくとも、道徳的な施しを受ける対象であるべきではないか、と。なぜなら生の主体であるからです。[5]

ピーター・シンガー
（1946-）
オーストラリア出身の哲学者、倫理学者。プリンストン大学教授。功利主義の立場から応用倫理学を展開。動物実験や工場畜産を厳しく批判した一九七五年の著書『動物の解放』は、動物の権利運動や菜食主義の思想的根拠としてしばしば用いられる。他の著書に『あなたが世界のためにできるたったひとつのこと』など。

トム・レーガン
（1938-2017）
アメリカの哲学者。ノースカロライナ大学名誉教授。動物の道徳的地位を積極的に認め、動物の権利運動に大きな影響を与えた。

それから、「**等しい存在であるという信憑性があるかどうか**」によって人権が付与されてきた歴史がある、という見方があります。奴隷は等しい存在ではないとされていたから、奴隷であったわけです。等しい存在であることが信憑性を持っていわれるようになると、人権を付与されるようになりました。女性も、ここ二〇〇年くらい前までは、等しい存在とは見られていませんでした。我が国では明治時代が始まった一八六八年の時点では選挙権もありませんでしたから。けれども、等しい存在であるという信憑性が社会に広まったことで人権が付与されてきました。

では、人権があることの根拠はなんなのか。

一つは、世界的に人権が保護されるべきだとの合意があるから、それにのっとるべきだという説です。一方、それに異を唱えたローティ*という人は、そもそも根拠なんかいらないといっています。人権があることは世界的な文化なのだから、それを享受すべきだと。また、人間の尊厳を守るためだという人もいる。それから、人間の主体性を根拠とする説もあります。この立場をとるゲワース*は、人間は自分が善とする目的をなすために行為する存在であり、その自由と福祉を確保するために人権が必要であるといっています。

リチャード・ローティ（1931-2007）
アメリカの哲学者。二〇世紀アメリカの中心的思潮であったプラグマティズム（実用主義）を批判的に継承し、知的基盤の確実性を疑うネオプラグマティズムを唱えた。著書に『偶然性・アイロニー・連帯』『哲学と自然の鏡』など。

アラン・ゲワース（1912-2004）
アメリカの政治哲学者。人間は自発的で目的を持った行為をするものであるという自然主義的な人間本性論をベースに、自由と福祉に対する人権の存在を自己矛盾しない限り承認すべしとする、「修正された自然主義」と称する立場から人権論を展開した。

ロボット犬が蹴られるのはかわいそう?

赤坂　では、権利とはそもそも何でしょうか。**権利の本性論**というものがあります。法哲学の世界で権利をとらえるときにはこれが大きな議論になります。おおまかに意思説と利益説という二つのとらえ方があって、どちらをとるかによって、ＡＩの人権や責任主体についての考え方が変わってきます。

意思説では、権利を持つとは、それに対応する他者の義務を、自らの意思によって強行できる支配力を持つことであるとします。たとえば誰かが何かを自分に支払わないといけないときに、それを強行できる支配力を持っているのが権利だとするわけです。

一方で、**利益説**は、権利とは法によって意図的に保護された利益だという考え方です。利益や損害の主体となるから権利主体とされる。先ほどのシンガーの考え方に近いです。これでいくと、たとえば動物も利益や損害の主体になりうるので、権利主体となるという考え方が導き出されます。

問題

AIに「権利」はあるか？

この二つが権利の考え方としてあることを念頭において、ロボットやAIについて考えてみましょう。

いまいきなり、「**Pepper**」*くんに権利があるかと問われれば「さすがにない」というのが共通理解かと思いますが、ある程度先の話を考えて、完全に自律的に動くロボット・AIを仮定しましょう。いろいろな評価関数が組みこまれていて、叩いたら痛がるような反応を示すとか。あるいは、ボストン・ダイナミクス社*が開発したロボット犬を考えてみてください。**形状や動きを犬に似せてつくったロボットが蹴り飛ばされているのを見て、ロボットが痛がっていなくても、人間は「かわいそう」と感じた**わけですね。

そういう高度なロボットやAIが出てきたとき、それらは人権享有主体、責任主体になるのか。どういうレベルのロボットやAIであれば、人権享有主体、責任主体たりえるのでしょうか。

（ディスカッション）

Pepper
ソフトバンクグループが開発・販売する人型ロボット。

ボストン・ダイナミクス社
ロボットの研究開発を行なうアメリカの企業。同社がYouTubeで公開した動画のなかに犬型ロボットを蹴り飛ばす場面があり（その意図はもちろん高度な姿勢制御を証明することにあった）、物議を醸した。

赤坂　では、発表をお願いします。

男性E　私たちの議論の前提に置いたのは、基本的にＡＩはネットワーク上でつながったもの、群体だということです。ＡＩというと個別的な人格を想定しがちですが、実際にはそれぞれの端末は相互に通信をして、群体全体としてものを考えている。そうすると、まず個別の端末には人権を認められないという結論になりました。なぜかといえば、スタンドアローンでなく、差異がないからです。個体差がないし、存在として大きすぎるので、人格としては扱えないだろうと。

ただ、さらに話すなかで、人間も社会的意識があるわけですから、ＡＩもまた、ネットワーク全体をひとくくりにして人格が認められるんじゃないかという意見も出て、それについて議論しました。

岡本　私も前回、現実的にありうる形での人工知能は、ネットワーク型になるだろうという話をしました。赤坂さんに確認したいのですが、ここで前提されているのは、そういうイメージでもよろしいのですか？

赤坂　はい、そういった、個別の人格というのを想定しづらい形もありえると思います。他に、ネットワークという観点で話し合われたグループはありますか？

男性F　個体としてのＡＩに責任をとらせるというとき、その個体を牢屋に入れたとして、その個体は他の個体からも影響を受けていたはずだから、それで本当に責任をとらせたことになるのか、議論しました。ただ、これを人間で考えた場合、「私は悪いことをしたけれど、それは他の人からいろんな影響を受けたせいだから私だけの責任ではない。私を牢屋に入れても意味がない」という主張が通るかといえば、そうではない。その線引きはどこにあるのだろうと考えたのですが、答えは出ませんでした。

社会通念に責任を負わせるのは、宗教に責任を負わせるというような話に近くなるのではないでしょうか。宗教に責任を負わせられるのか、負わせたところで何か意味があるのか。責任の負わせ方には何か意味が残るのかという地点にたどりつきました。

赤坂　なんだか難しいところに行きましたね（笑）。

私も正直、これに対して何かしら答えを持っているわけではないんです。ただ、**人間の集合知をシステムで処理して判断を下すのは、巨大企業がまさにやっていること**ですよね。[6]組織の形態はいろいろありますが、人間の知識や労働力を集約して一人ではできない仕事をやるときには、ネットワークであろうと、いろんなものが連携していようと、そこにはある程度、主体性があらわれる必要性が出てくる。そして私たちはそれを「法人」という形で、一つの人権を享有する主体とみなしている。

では、果たして国家レベルも超えて、グーグルなどの超巨大企業が、全人類の知識をすべて集めて学習させたＡＩをつくり出したとして、それを一つの人格とみなせるのか。そのような存在に対して法人という枠で人格権を付与することはできるかもしれませんが、既存の自然人や法人との間には非対称性がかなり大きいようにも思えます。けれど構成としては企業とそんなに変わらないようにも思える。そこの線引きというのは難しいですね。私自身も全然わからない。岡本先生、いかがですか。

岡本　人工知能を個体的なものとして考えずに、**ネットワーク型で考えるとすれば、個別の人間が自分の行為に対して権利を持ち責任をとるという近代的な法体系は当然適さない**ので、まったく違う法体系を考えざるを得ないでしょう。法学者は早いこと、責任論を別の次元で考えないとまずいのではないでしょうか。

　同じことは、脳科学の進展によっても、行為に対して行為者の責任を問えるかどうか、さまざまな問題が提起されています。たとえば、最近では、犯罪などは脳の回路のエラーによって発生する、と考えられています。個人がそれをコントロールできないわけですから、個人に責任を負わせることは問題かもしれない。

赤坂　ありがとうございます。現実的には、ネットワーク型であっても提供される形態によって切り分けて一つ一つに法的な人格権を付与するというやり方もあるのかと思います。イメージとしてはネットワーク型のＡＩによって動く自動運転車があったとしたら、その自動運転車一つ一つが提供する会社の子会社になるようなイメージですね。他の観点から話し合われた方はいますか。

男性Ｇ　人権というのは基本的に自然権で、人間に与えられるものですよね。そこを崩すと難しい。動物がかわいそうだから動物に権利を与えるとなると、どこまでさかのぼっていけばいいのか。哺乳類までなのか、昆虫はどうなのか、木はどうなのか……という議論になってしまいます。ですから、女性までは当然権利主体とされるべきだけれども、基本的にはロボットに人権は拡大するべきでないと考えます。

そのうえで、人間並みの知性を持つ、人間の形状に限りなく近い存在をどう扱うべきか。これは公序良俗の問題という気がするんです。たとえば私がロボットを自分のお金で開発するなり買ったとします。そのロボットは女性の形をしていて、非常に美しい。このロボットを全裸の状態で連れ歩いていたら、「これはロボットだ」といっても、おそらく街ゆく人には困惑されてしまいます。ボストン・ダイナミクス社のロボット犬が蹴られているのを見て「かわいそう」と思うのは犬の形状をしているからであって、まったく形の違う産業機械を「動けよ」と蹴ってもなんとも思わないはずです。

要するに人間側が、公序良俗に反していると感じる事実を見たくないということにすぎません。ロボットに対する人権侵害は、法的に整理できる問題ではないかと思いました。

最後に、人間並みの知性があり、形状が人間と一緒で、さらに心を持っている場合はどうか。デネットの『心はどこにあるのか』を読んで私が理解したところでは、われわれ人間自身がある種のプログラミングされた存在から進化していってロボット的になり、最後に心を持ったということを考えると、ロボットが心を持たない理由はない。ロボット・ＡＩの人権は、ロボットが心を持った時点で考えるべきテーマなのではと思います。

　僕自身はやはり、ロボットやＡＩはどれだけ優秀であっても、人間がプログラミングをして、教師データを与えることでなんらかの機能を果たすのである限り心は存在しないし、人権も必要ないんじゃないかと考えます。

赤坂　公序良俗という点は、法律の世界では重要な問題です。ボストン・ダイナミクスの話もそうですけど、人間というのはいろいろな誤謬《ごびゅう》を抱えがちです。たとえば、人間のようなふるまいをするＡＩが出てきたときに、過剰に人間のように扱ってしまう誤謬があるといっているアメリカの法学者がいます。逆に、**公序良俗が特別に保たれるべき場所では、その誤謬を利用する**のもありじゃないかといっている人もいます。[7]たとえば、教育の現場で使うロボットは、過剰な保護であっても保護したほうが教育現場の秩序が保たれる。そういう議論を思い起こしました。

　他に何かありますか。

男性Ｈ　ロボットと人類の共存社会においては、ロボット権があってもいいのではないでしょうか。代わりに、人権を一部制限する。自動運転車が非常に優秀で、人間がいまだに車を運転したいという場合、その権利を法的に制限するというのはありえるのではないかなと。

赤坂　それって、法人格とあまり変わらない気がします。法人というのはフルスペックの人権を享有できるわけではありません。たとえば、会社に投票権はない。政治に参加する権利はないわけです。つまり、法人というのは人格権があるのだけど、一部制限されている。その考え方でいうと、ロボット権というのはその一類型なのかなと。

他に、スタンドアローンなものとしてのＡＩを考えた方は？

男性Ｉ　似た議論ですが、たとえば工場で二四時間働くロボットに感情を持たせてしまうと、僕らが寝ている間に働いてもらえません。感情を持たせることにメリットがない。メリットがあるのは、先ほどの教室の話とか、あるいは介護とか、そこに「存在」を与えるべき場面ではないでしょうか。つまり、用途に応じて、ロボットの人権を保障したり、感情を持たせたりするべきかどうかを決めていくのが一番よいのではないかと思います。

赤坂　なるほど。他にはいかがでしょう。

男性Ｊ　ロボットが自らなんらかの権利を主張し始めたときが、それを考えるタイミングじゃないかという意見が出ました。ですがそのときには、かつて奴隷と支配者の争いがあったようにロボットと人間の喧嘩になって、人間はロボットに負かされ支配されてしまう。したがって、これを議論する意味はないという結論になりました（笑）。こういうことを議論しないといけないときには、もう人間はロボットの奴隷になっている。

赤坂　ロボットが本当に特別な機械なのかどうかが、議論になるところです。「そもそも、いますでに機械に支配されているじゃないか」という人もいます。ＡＩが出てきて問題になるのは、**人間が処理できない大量のデータを高速に処理することができる**ことで、それによって人間を超える知性が生まれるかもしれないとされていますね。それこそネットワーク化すると、とても強大なものになってしまう。

岡本　これに関して、他のグループの方はいかがでしょう。

女性K　先ほどのグループと似た意見が出ました。奴隷や女性の場合と同じように、ロボットが自分の権利を主張し始めたときにそれについて議論して、社会にそういう概念を共有していくのが民主的ではないでしょうか。

そこにいたるまでにはさまざまなグラデーションがあると思います。株式運用をある程度テクノロジーに任せたり、さまざまな意思決定をビッグデータに頼ったり、私たちはすでにそういうことをしています。近い将来、子どもが生まれたときにはその子専用のＡＩが与えられ、そのＡＩがその子の人生をすべて覚えているようになるかもしれません。するともう、人間とＡＩは切り離せない関係になります。前回話が出た「人間と奴隷の弁証法」的にロボットが必要不可欠な状態が生まれ、権利を認めざるを得なくなるのではないでしょうか。

赤坂　ロボットの権利を考えるより、人間のプライバシー権をどうするかということをとことん考えないといけないですね。

AIが問いかける「人間の条件」

岡本　責任主体と認められるだけの主体性を持ったロボットであれば、もしかしたらそのロボット自身が「権利なんていらない」といい出すかもしれません。そう考えると、いままで私たちが前提にしてきた法的な概念も、ロボット・AI技術の進展にともない、もう一度検討し直すべきではないかと思います。

先ほどの、動物に権利を認めるかどうかという議論についていえば、権利は認めていいのですが、**一番大きなポイントは、動物は責任を負えないこと**ですよね。責任主体と権利主体を結びつけてもいいのかどうか。法的にはすぐに結びつけるのかもしれませんが、これもまた大きな問題です。

赤坂　私は近代以降の法を研究対象としているので、直近の問題について基本的には考察しているわけですが、一方で、ありうる未来に人間と機械の境界が消失していく

図9　KDDIが出資するロボットベンチャーTelexistenceが開発したテレイグジスタンスロボット「MODEL H」 © Telexistence, Inc.

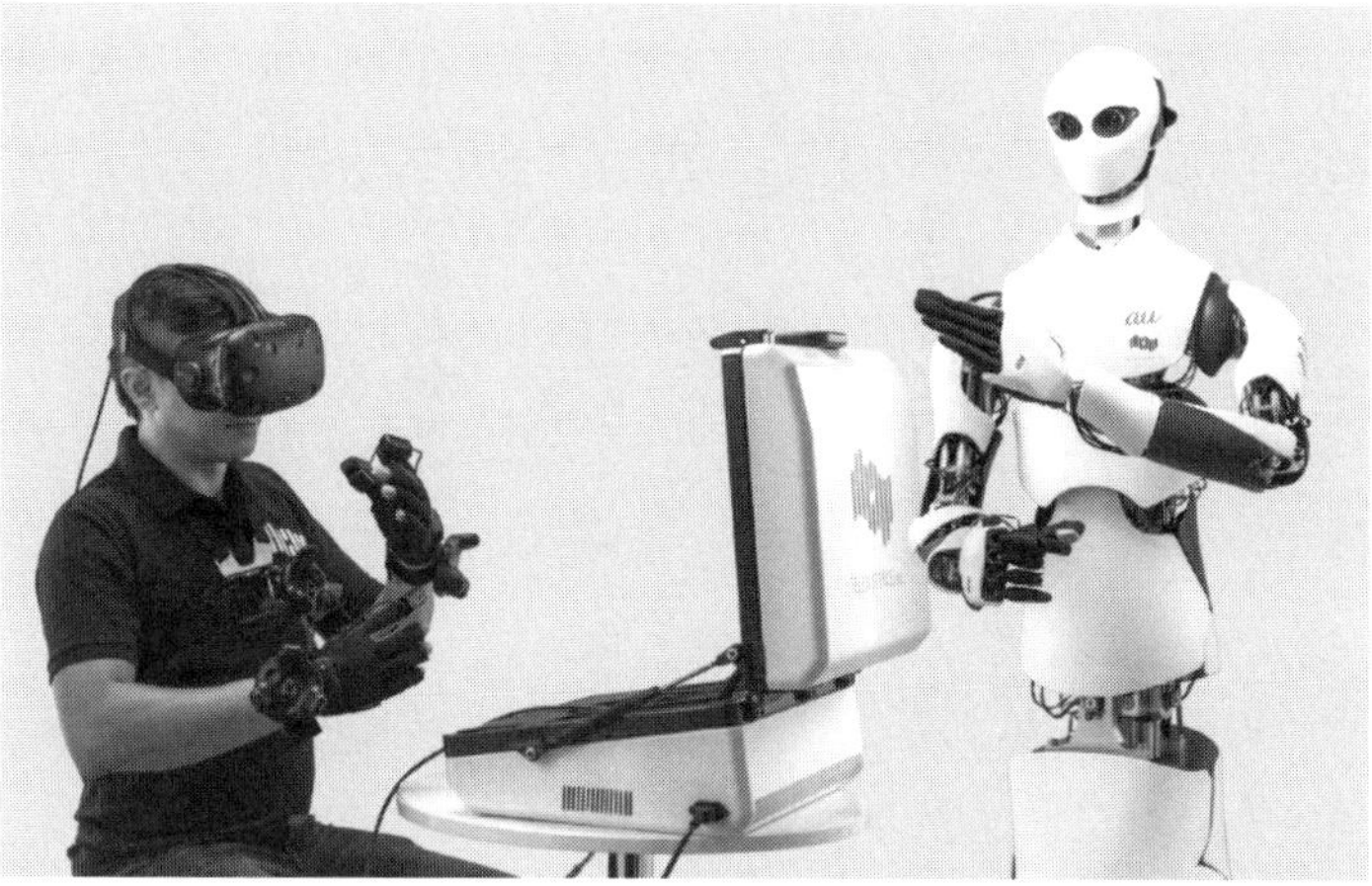

だろうと考えることがあります。たとえば、「テレイグジスタンスロボット*」というロボットがいます。いろいろな感覚も含めて伝達する遠隔操作ロボットです。映画の『アバター』をイメージしていただければいいと思います。そうなると人間は身体をいくつも持つことができる。では、脳の情報だけ処理できれば私たちはそれでいいのでしょうか。

近代法は、人間を「**身体と人格が一体となった存在**」とみなすわけですが、その前提が崩れつつあります。シンギュラリティ論でいわれるように脳の情報をコンピュータ上にアップロードできるということになると、今度は人間と脳の処理がほぼ同列になり、その

テレイグジスタンスロボット
テレイグジスタンス（遠隔存在）とは、ロボットを遠隔操作し自分の分身として利用することにより、人間を時空の制約から解放しようとする概念。一九八〇年、東京大学名誉教授の舘暲《たちすすむ》によって提唱された。

狭間《はざま》がどうなるのかわからなくなってくる。ＡＩやロボットを近代制度と同時に考えると、逆に人間とは何かを考えなければいけなくなる。

男性Ｊ　お二人に聞きたいのですが、ＡＩの未来は明るいと思いますか？

岡本　非常に明るいと思っています。技術的な進歩は非常に明るい。それによって私たちの考え方を変える、それがまた非常に楽しい。いろいろな変化を悲観的にとらえて、「前のほうがよかった」といって押しとどめようとするのは、やめたほうがいいと思っています。

赤坂　そもそも、新技術の開発は、未来が明るくなるという目的をもってなされるものだと私は思っているので、当然、明るくなることを開発者たちは目指しているのだろうと思います。私は開発者ではないので、そうしてくれよという願いをこめて、そう思っています。

一方で、いままでになかったものが出てくると、当然、既存の社会との間に問題が出てくるわけですね。特に、**近代法は、二〇〇年ぐらい前にできたときからゆるやかにしか変わっていない。**日本に絞って考えてみても、私の主な研究対象である民法は、つい一五年ほど前まで、漢字とカタカナで書いてありました。明治時代につくられたものがそのまま生きていたわけです。憲法は敗戦によって変わりましたが、民法や刑法などその他の多くの法は憲法に反しない限りそのまま生きていた。かなり長い間変わっていない体系でした。

人間社会と新しいものをどうすり合わせていくかが、私の一つの使命です。勉強しつついろいろとやっていかないといけないので、私の作業量としてはたいへん悲観的かなとは思いますけど（笑）。ただ、それはうれしい悲鳴ですね。

BOOK GUIDE

**人工知能について
理解を深めるための
ブックガイド**

人工知能に関する予備知識として

『人工知能は人間を超えるか
—ディープラーニングの先にあるもの』

松尾豊　2015　角川 EPUB 選書

日本における人工知能ブームを生み出した著者のベストセラー。人工知能はよく知らない、という人はあらかじめコレを読むのがおススメ。

『ビッグデータと人工知能
—可能性と罠を見極める』

西垣通　2016　中公新書

最近の人工知能ブームに対して、情報科学の専門家である著者が、もっと冷静になるように警鐘を鳴らした書物。ブームに踊らされてはならない、というメッセージ。

『人工知能と経済の未来
― 2030 年雇用大崩壊』
井上智洋　2016　文春新書

人工知能が発展すると、今後の経済にどのような影響を与えるか、予測する。人工知能について基礎知識を与えると同時に、その経済的側面への影響を的確に整理している。

人工知能はどこまで発達するのか？（技術的な可能性として）

『ポスト・ヒューマン誕生
―コンピュータが人類の知性を超えるとき』
レイ・カーツワイル
井上健監訳　2007　NHK 出版

現在ではほとんどの人が知っている「シンギュラリティ」や「2045 年問題」の、出典となった書物。最初に提唱されたときは「？」であったが、最近では通説化している。

『2100 年の科学ライフ』
ミチオ・カク
齊藤隆央訳　2012　NHK 出版

2100 年までに、科学は人間の生活をどう変えていくか、物理学者が大胆に予測しながら書いている。議論には科学的な裏付けがあり、しかも発想・想像力は豊か。

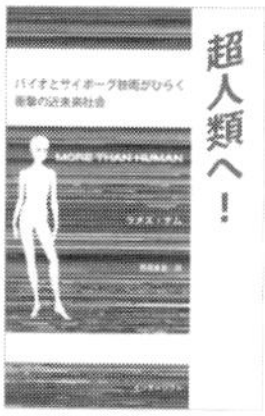

『超人類へ！　―バイオとサイボーグ技術がひらく衝撃の近未来社会』
ラメズ・ナム
西尾香苗訳　2006　河出書房新社　版元品切れ中

現代では、人間と機械が直接融合するサイボーグ化が、飛躍的に進行している。その現場を具体的に描く本書は、遺伝子改変とは違うポストヒューマンのもう一つの道を示す。

現　代　哲　学　か　ら　考　え　る

『生まれながらのサイボーグ
―心・テクノロジー・知能の未来』

アンディ・クラーク
呉羽真訳　2015　春秋社

クラークは、人間のサイボーグ化が今日に初めて可能となったわけではなく、歴史上ヒトが登場して以来、最初からサイボーグだったことを主張する。

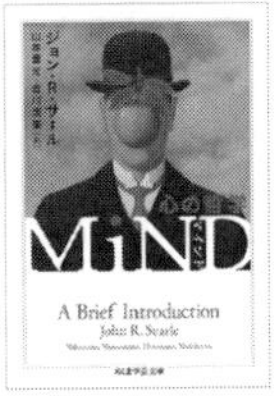

『MiND 心の哲学』

ジョン・R・サール
山本貴光・吉川浩満訳　2018　ちくま学芸文庫

アメリカ哲学界の重鎮であるサールの「心の哲学」に関する概説書。彼の有名な思考実験や、他の有名な議論などを整理しているので、持っておきたい一冊。

『物質と意識〔原書第３版〕
―脳科学・人工知能と心の哲学』

ポール・チャーチランド
信原幸弘・西堤優訳　2016　森北出版

チャーチランドは、長年認知科学を手引きとしながら、「心とは何か」を探究してきた哲学者であり、本書はテキストとして定評あるもの。最新版からの訳出。

『思考の技法
―直観ポンプと 77 の思考術』

ダニエル・C・デネット
阿部文彦・木島泰三訳　2015　青土社

天才的な才能をもつデネットの本は、いつもながら大部であり、読み通すのが難しい。気になったところから読むと、いろいろな発見ができる。

『コンピュータには何ができないか
―哲学的人工知能批判』
ヒューバート・L・ドレイファス
黒崎政男・村若修訳　1992　産業図書

人工知能が人間と同等の知性を持ちうる、という考えに対して早い時期に哲学的な批判を展開した書。原書は1979年刊と年代は古いが、ドレイファスの批判にどう答えるかは、いまでも課題である。

基本的な問題に立ちかえる

『太った男を殺しますか？
―トロリー問題が教えてくれること』
デイヴィッド・エドモンズ
鬼澤忍訳　ヤギワタル（イラスト）　2015　太田出版

いわゆる「トロッコ問題」をテーマに、その始まりからさまざまなバリエーションを、ジャーナリスティックに記述。哲学的議論というより、読み物として考えたほうがいい。

『啓蒙の弁証法―哲学的断想』
テオドール・アドルノ、マックス・ホルクハイマー
徳永恂訳　2007　岩波文庫

第二次世界大戦末期に、亡命中の二人がアメリカで書いた歴史的名著。名前は有名だが、読んだことがない人も多い。常識としても、一度は目を通しておいたほうがいい。

『ドイツ・イデオロギー〔新編輯版〕』
カール・マルクス、フリードリヒ・エンゲルス
廣松渉編訳、小林昌人補訳　2002　岩波文庫

現代では共産主義の思想家として知られている二人が、若いころ自分たちの考えを確立した著作。「労働」や「イデオロギー」の意味を考えるためにも、読んでおきたい古典。

バイオサイエンス

PART 2

Bioscience

[バ イ オ サ イ エ ン ス]

課題図書

『人間の将来とバイオエシックス』

ユルゲン・ハーバーマス
三島憲一 訳

法政大学出版局、2012 年（新装版）
原書刊行年：2001 年

岡本　ユルゲン・ハーバーマスは一九二九年生まれのドイツ人で、教科書的には「フランクフルト学派の第二世代」と呼ばれます。ちなみに第一世代には、第2講で取り上げたアドルノやホルクハイマーが属します。ハーバーマスは彼らのコンセプト（近代的理性の批判）を引き継ぎながら、さらに積極的・具体的な方向性を提唱することを試みました。その一環としてバイオサイエンスについて批判的に論じたのが、今回課題図書に指定した『人間の将来とバイオエシックス』です。

この本を理解するためには、書かれた当時の社会的な背景を押さえることが非常に重要です。ご承知のとおり、第二次世界大戦のときに、ナチス・ドイツは優生学にもとづきユダヤ人を迫害しました（ユダヤ系のアドルノとホルクハイマーは亡命先のアメリカで『啓蒙の弁証法』を書いたのでしたね）。**これに対する反省から、戦後のドイツではバイオテクノロジーに対する禁止事項が多く設けられました。**

二〇世紀の末頃までは、妊娠中絶をしたいドイツ人は、イギリスまで出ていって手術を受けざるを得ませんでした。遺伝子工学の研究でも規制が多く、結果として他国にかなり後れをとってしまいました（二一世紀になってそれに対する反省が強くなって、考えをあらため始めている状況です）。

こういった事情から、ドイツでは**バイオテクノロジーに対する「ねじれ現象」**が見られます。アメリカは、保守派が遺伝子工学を規制しようとしている。これはわかりやすいですよね。**ドイツでは逆に、進歩派が遺伝子工学を規制するんです。**ハーバーマスは進歩的知識人といわれますが、遺伝子工学に関してはやはり非常に保守的です。

ハーバーマスがこの本を書いたきっかけの一つが、スローターダイク*というドイツの研究者による講演でした（この講演は『「人間園」の規則――ハイデッガーの『ヒューマニズム書簡』に対する返書』という本になっています）。クローン羊のニュースなどを受けて、人間の遺伝子改良の可能性を指摘したものです。

スローターダイクはそのときに、「**人間の育種**」というニーチェ*の表現を意図的に使ったんです。ナチス時代の優生学で使われた言葉です。戦後のドイツでは、ある種の禁句でした。それをスローターダイクが神経を逆なでするかのように使ったことで、ハーバーマス派の人たちはカチンときて、いっせいに彼を批判するようになったんです。

（ただし講演内容を読んでみると、どこが遺伝子改良について積極的に議論しているのか、ほとんどわからないような文章です。最終的に出てきたのは判じ絵のような表現で、生命工学の現状の確認です。そこには肯定も否定もありません。現状を確認した途端に肯定だと見られたのは誤解だったといえます。）

ハーバーマスは議論の出発点として、カント哲学の基本である「**人間の尊厳**」という概念を打ち出しています。「他人を道具としてではなく、目的として扱いなさい」

ペーター・スローターダイク
（1947-）
ドイツの哲学者。カールスルーエ造形大学の学長兼教授。ドイツのポストモダン派として、一般のメディアにも出演し多角的に活躍している。著書に『シニカル理性批判』など。

フリードリヒ・ニーチェ
（1844-1900）
ドイツの哲学者。「超人」「永遠回帰」といった独特の概念は後世に大きな影響を残した。著作に『ツァラトゥストラかく語りき』『善悪の彼岸』など。

というカントの主張をふまえ、遺伝子操作とは子どもを道具化することに他ならない、と述べました。親の願望をとげるための手段として子どもを利用することだ、と。

ハーバーマスは「**子どもの奴隷化**」というさらに強い言い方までしています。

さらにハーバーマスによれば、遺伝子操作は「**類的存在としてのわれわれの自己了解を変えてしまう**」ものです。アリストテレス以来の概念の区別として、「自然に生じたもの」と「製作されたもの」という区別があります。人間が生み出されることは、基本的に前者に属します。クローン人間や遺伝子操作はこの区別を曖昧にしてしまう、とハーバーマスは主張します。類的存在というのは、要するにヒトゲノム*ですね。

悪いことのように聞こえますけど、そもそもなぜこれが悪いのかということを明確に示した人はいません。「**類的存在としてのわれわれの自己了解」は、歴史的にずっと同一だったのでしょうか？** 古代ギリシア時代の人間観、中世の人間観など、人間観は時代ごとに変わっているはずです。時代を貫く共通のあり方、道徳性を重要視するハーバーマスの立場に、どこまで妥当性があるのでしょうか。

ハーバーマスは二一世紀になってから、宗教に接近します。のちにローマ教皇となる人物と対話を行ない、キリスト教との和解を試みています。しかし、彼が自らの立場を変えたというよりも、時代の流れを追ったほうがいいのではないかと思います。

二〇世紀の末に遺伝子工学や脳神経科学が大きく発展し、自然主義が台頭しました。

ヒトゲノム
ヒトのDNAの全塩基配列。

人間を理解する枠組みとしてこうした自然主義を受け入れることに対して、ハーバーマスは保守的な姿勢を崩すことはありませんでした。

その結果として彼が宗教に接近し、かつての啓蒙派としてのイメージもすっかり影を潜めたことは、時代が急激に変化した一つの象徴といえるのかもしれません。

第4講

ゲノム編集時代の生命倫理

チンパンジーとの子どもを産みたい女子大生

岡本　生物遺伝学者のリー・シルヴァー*は、あるとき次のような講演をしました（シルヴァー『人類最後のタブー――バイオテクノロジーが直面する生命倫理とは』より[1]）。

「ヒトのＤＮＡとチンパンジーのＤＮＡは九九パーセントまで同じである。チンパンジーとは染色体が似通っている。したがって、二種の交配による子どもは生存可能である。ヒトの精子をチンパンジーのメスに人工授精すると、胎内の子どもが早く成長しすぎて死産する可能性がある。ただし、逆は可能である。人間の女性の胎内でならば、二種の交配が完成するかもしれない」

講演のあと、一人の女子学生がシルヴァー先生の研究室にやってきていいました。

「先生が講義で説明していたようなことをやりたい。私の卵子をチンパンジーの精子と合わせて、受精卵を自分の子宮で育てて、その観察記を卒論にまとめたい」

まとめたら、名前は売れるし、実際素晴らしい卒論になるでしょう。この勇敢なリケジョの質問に、どう答えたらいいでしょうか？

シルヴァー先生は明確な回答を与えていないんです。彼はこういいました。「現実に胎内に受精卵が着床して、育ち始めたらどうする？」

リー・Ｍ・シルヴァー
（１９５２－）
アメリカの分子生物学者、進化生物学者。プリンストン大学教授。遺伝子工学の世界的権威。著書に『複製されるヒト』『人類最後のタブー』がある。

少し間抜けな質問ですね。女子学生の答えはこうです。「早く卒論を書きあげて、書きあがった段階で中絶しますから心配には及びません」

さて、どう考えたらいいでしょう。

問題　女子学生とチンパンジーの交配が認められるのはどんな場合？

①女子学生が中絶を前提でチンパンジーとの交配を望むとき。
②女子学生が中絶を望まずに、その子を育てる目的で交配を望むとき。
③科学的に観察する目的で交配を望むとき。
＊感染症等の問題はクリアしていることを前提としましょう。

（ディスカッション）

岡本　いかがでしょうか。

男性A　三つの選択肢の前のゼロ番めの選択肢として、実験対象がオランウータンとチンパンジーだったらどうだろうかと考えました。この場合、私たちのグループの全員がOKを出したんです。ということは、ヒトと他の動物が関わるときになんらかの問いが生まれるのではないか――こうしたところからディスカッションを始めましたが、そのあとは、問題を整理するだけで精一杯でした。

①は、命をどう扱うかという議論をしています。②は、命としては扱うが、存在として認めていいかが論点になっています。③については、科学的に観察するにしても、科学者が女性である場合と、シルヴァー氏のように男性である場合の二パターンがあるんじゃないかという話をしましたが、時間切れで結論が出ないままでした。

岡本　生命をどう考えるかという問題ですが、現代風に考えれば、中絶をするかしないかは本人の自己決定です。女子学生がいいというのであれば何も問題はない、と考えられるかどうかですね。結論が出たグループはありますか？

男性B　いままでで一番難しい問題だと感じました。こういう問題は、隠れている問題や前提を考えだすとキリがないので、直感を信じてイエスかノーかでまず考えてみようとなって、するとグループの全員が、三つの選択肢すべてに対してイエスという答えでした。

岡本　それは非常に重要なことですね。前回と前々回で取り上げたトロッコ問題と同じく、基本的には直感を大前提にしつつ、どう正当化するかの問題です。その直感を根拠づけるのはいったいなんだろうか、という。逆に、女子学生とチンパンジーの交配は認められないという結論になったグループはありますか？

女性C　まったく認めないわけではないのですが、全部を認めてしまうと、科学が進歩するためには何をしてもいいことになるのではないか、歯止めがきかなくなるのではないかと危惧します。新しい歯止めを設けるべきだと思うんですが、それが具体的に何なのかはつかめませんでした。

岡本　ハーバーマスが抱いたのと同じ危機感覚かもしれませんね。彼は「類的存在としてのわれわれ」を強調したので、おそらくチンパンジーとの交配を認めないでしょう。

しかし、なぜ認めてはいけないのかは非常に大きな問題です。チンパンジーとの子どもだからダメなのでしょうか。だとしたら、障害者の子どもだからダメ、ユダヤ系の子どもだからダメとなり、優生学に容易につながります（優生学については後ほどさらに詳しく見ていきます）。

ヒト遺伝子改変の口火は切られた

岡本　遺伝子操作の歴史を簡単に振り返ってみましょう。

一九五〇年代、ＤＮＡの**二重らせん構造**が解明されました。七〇年代に遺伝子工学の発展があり、**試験管ベビー***が誕生します。九〇年代にスタートした**ヒトゲノム計画**

試験管ベビー
体外受精で生まれた赤ん坊。母体の卵巣から排卵直前の成熟卵を採取し、特殊培養液を満たしたガラス容器内で受精させ、受精卵が一定の発育を経た後、子宮内に戻して着床させる。

は、早くも二〇〇三年に完了しました。この間、一九九六年には**体細胞クローン羊のドリー**が誕生して、現在は**CRISPR/Cas9**[*]（**クリスパー・キャスナイン**）**などのゲノム編集技術**が確立しつつあります。

遺伝子操作の時代が、間違いなくやってきています。新生物をつくる実験が、着々と積み重ねられている。羽のないニワトリ、自然界に存在しない色の花、巨大化したマウス、光るネコ……。遺伝子組み換えで太らせたサケや筋肉量を二倍にした牛をつくって、食糧難の地域に売りこむなどの応用事例もあります。

この技術が次は人間に向かうことは容易に予想がつきます。あとは人間への応用あるのみという状況です。二〇一五年には中国の研究チームが**ヒトの受精卵に対してゲノム編集を行なった**と発表しました。八六個のヒトの受精卵に対し、地中海性貧血症という遺伝性疾患の原因になる遺伝子の切除を試みて、二八個を修復したそうです。

遺伝性の疾患には難病が多くて、なかなか治療が難しい。一番有効な治療法は遺伝子の組み換えでしょうから、今後は非常に重要な課題になっていくと思います。

そこで、このような技術の適用はどこまで許容されるのかを考えてみましょう。

まず、受精卵を選別することについてはどうでしょうか。つまり、体外受精した複数の受精卵を遺伝子検査し、どの受精卵が「適切」かを選択する。**着床前診断**と呼ばれるものです。病気があるかどうかという基準であれば選別してもいいのでしょうか。

CRISPR/Cas9
加工したい遺伝子の位置を探しだす「ガイドRNA」と、DNAを切断するハサミの機能を持つ酵素「キャス9」を用いてゲノム編集を行なう手法。

あるいは身体的特徴、身体能力による選別はどうか。男女の産み分けはどうか。知的能力や精神的特性による選別はどうか……そうした選別が可能になりつつあると考えたときに、どこで線引きをすべきか。あるいは、線引きは必要ないのでしょうか？

選別から一歩進んで、遺伝子に人間の手を加えて改変することについてはどうでしょう。中国がやったように、病気予防のためであれば受精卵の遺伝子を改変してもいいのでしょうか。**がんにかかりにくい遺伝子構造をつくり出すことができるかもしれません。一部の部族はエイズにかからないといわれているので、彼らの遺伝子構造を導入してエイズを予防することも考えられるでしょう。**

あるいは、受精卵の段階で、遺伝性疾患を発症する遺伝子を見つけ出し、それを改変・治療することはどうでしょうか。

はたまた、病気の予防や治療ではなく、精神的、あるいは身体的な能力を高めるために遺伝子を改変してもいいのでしょうか（こうした能力増強のことを**エンハンスメント**と呼びます）。

ＤＮＡの二重らせん構造を解明したワトソン*はこういいました。

「**頭が悪いのは病気だから、遺伝子を組み換えて治療しよう**[2]」

さすが天才はいうことが違います。私はこれを聞いたときぞっとしました。彼にいわせれば、ＩＱが一二〇あっても病気なのかもしれません（笑）。要するに、判断の

ジェームズ・ワトソン
（1928－）
アメリカの分子生物学者。イギリスの科学者フランシス・クリックらとともにＤＮＡの二重らせん構造を発見し、一九六二年にノーベル生理学・医学賞を受賞。著書に『二重らせん』など。

境界はかなり曖昧なんです。

選択肢を整理すると、次のようになります。

問題　遺伝子改変はどの場合に許容できるか？

①体外受精によって、遺伝子検査をして選別する。
②病気予防のための遺伝子改変。
③病気治療のための遺伝子改変。
④身体的・精神的な能力増強（エンハンスメント）のための遺伝子改変。

ハーバーマスは、このあたりを明確にしませんでした。彼は、④のエンハンスメントについては否定しています。しかし、それ以外を否定しているかどうかは読みとれません。ハーバーマスもはっきりさせなかったことを考えてみましょう。

（ディスカッション）

岡本　では、発表をお願いします。

男性D　われわれは満場一致ですべての治療をやるべきと考えました。ガンガンやっていいのではないかと。昔は子どもは「授かるもの」でしたが、いまは子どもを「つくる」という言い方をしますよね。すでにわれわれは産むか産まないかで選別しています。

岡本　産むか産まないかの選別、あるいは配偶者の選別も含めて、私たちはすでに子どもに関してさまざまな選別をしていて、遺伝子による選別はその延長でしかない。だからこれを否定する理由は見当たらない、という考えですね。

反対意見はありますか?

女性E　グループのなかで私だけでしたが、遺伝子をいじってしまった結果がどうなるのか、本当に思い通りになるのかが見えていない状態のままで操作をすることには否定的です。遺伝子操作をした結果、種としての力が弱くなっていく可能性などを考えると、リスクが高すぎると思います。

岡本　もし、リスクが解消され、絶対に安全であるとしたらどうでしょうか。

女性E　その場合は、まず④については、遺伝子組み換えをしたいという本人と、遺伝子操作される側の関係性という問題が出てくると思います。本人が望んだわけでもない改変を親などの第三者が行なっていいのか。それが引っかかります。

岡本　それはきわめてハーバーマス的な意見ですね。おっしゃるとおり、生まれてくる子どもの受精卵の段階での遺伝子の改変ですから、本人が望んでいるか望んでいないかは聞けません。

男性F　議論としては、①から④まですべてOKということであっさり結論が出ました。ただ僕自身がそこまで踏みこめないのは、人類が保ってきた一線を踏み越える感があるからです。

　これまで人類はいろいろな形の選択によって進化してきました。遺伝子異常を起こした個体が適者生存で残ってきた歴史があるわけです。複雑な声帯を持つ個体が遺伝子異常でたまたまあらわれて、それが言語の獲得につながった。ブタモロコシのなかに遺伝子異常で粒が落ちない個体がたまたまあらわれて、それを人類がトウモロコシとして選択的に育てることで農業が発展していった。

　そのように人類はやってきて、現在は選択的に子どもを産む・産まないというところまできましたが、遺伝子に触ってはいません。そこには一線があるような気がします。自然淘汰の流れにしたがって意図的な選択を行なってきたとしても、遺伝子の改変となると一線を踏み越えるような気がするので、「いままでの進化の延長線上だからいい」とは思えないんです。

岡本　それこそが、ハーバーマスも含めて、「新しい時代にわれわれは踏みこんだ」という形で問題を立てる一番大きなポイントです。この問いにどう答えるのかが、私たちに課せられています。これまでは遺伝子を組み換えるとしても他の生物に対してであって、自分たち自身の遺伝子を組み換えて、人間の本性や進化を左右するところまではやってきませんでした。ところが、技術的にそれが可能になり始めたのが、いまの時代の非常に新しい点です。

（受講生Gが挙手）

岡本　はい、どうぞ。

男性G　これまで人間が遺伝子操作をしてこなかったかといえば、すでにしまくっていると思います。スピード感が違うだけだと思うんですね。アンデスのバナナの原種を食べたことがありますが、めちゃくちゃ硬いんです。「俺を食べるな」というぐらいに。みんなが思っているバナナは、品種改良や選別を何十世代も繰り返して、食べやすいものになっている。ブタもともとはイノシシから、人間が家畜化して何世代もかけて選別してきたものです。現代では遺伝子科学によって、これまでよりも短時間に効果を上げられるようになったんだと思います。

岡本　なかなか面白い発想ですね。

（受講生Hが挙手）

男性H　ですが、人間が遺伝子を直接いじることと、自然に生まれてきたものを選別して、結果として人間に都合のいいものが残ったのとでは、直感的にですが、意味が違う気がします。

岡本　掛け合わせで変化することと、ピンポイントで遺伝子を組み換えることは区別すべきということですね。

（受講生Ｉが挙手）

岡本　はい、どうぞ。

男性Ｉ　学生時代に遺伝子工学専門だったのですが、いままで出ていなかった話でいうと、遺伝子をいじりたいのはヒトの本能のような気がしています。人間活動自体を自然現象としてとらえれば、それを変えたくなるのが人間だと思うんです。ワトソンの言葉もそうですし、遺伝子を改変したいと本能的に思う人たちこそが、突然変異で出てきた新しい人類だという考え方はどうでしょうか。

（受講生Ｊが挙手）

男性Ｊ　遺伝子操作のプライシング（価格設定）も重要ですよね。あまりに高額だとみんなが受けられません。お金持ちが④のエンハンスメントを行なうことで格差の遺伝が文字どおり起きて、親世代の所得の差が子どもに受け継がれてしまう。遺伝子決定論というか、ソーシャルゲームのように課金したほうが勝ちやすくなると思います。格差がより助長されてしまうので、③と④には差異がある気がします。

岡本　値段は非常に大きな問題だと思います。ただ、最初は富裕層しかできないとしても、技術が普及していけば値段は安くなります。いずれはすべての技術をみな同じように享受できるのだとすれば、タイムラグの問題にすぎないということもできるかもしれません。他にありますか？

男性K　①から③までは医学的な治療の延長線上にあると思います。④だけは倫理的な問題がもっと大きい。子どもに能力を与えたくなるのは親の自然な欲求で、それがどこから来ているのかといえば、先ほども出たようにある種の人間の本能だと思うんです。なんとかして自分の子孫が生き残れるように強くしたいという思いに通じています。

そのときに何の能力を増強するのか。単純に「能力増強」といっても、身体的能力もあるし、芸術的能力もあるし、言語能力もある。となると、能力増強の「メニュー」ができてくるのかな、と。それをやれば社会の多様性が保たれるわけです。いろいろな能力を持っている人が出てきて、ファッションのようになるかもしれない。オリンピックの年には身体能力を増強した子どもばかりが生まれるとか。

同時に進化論的にいえば、「これで強いだろう」と思ってつくってみた子どもが将来的にはサバイバルに合っていない可能性もあるわけです。そのタイプが全部絶滅するかもしれない。そうした予測不可能性も、この問題には相当あるのではないかなと。

岡本　それは間違いないと思います。自分たちが「これだろう」と思って選択したものが、現実に有利になるかわからないというところですよね。エンハンスメントに対して「みんなが同じような遺伝子パターンになるんじゃないか」という懸念が表明されることもありますが、未来の不確実性を考えると、必ずしもそうとは限りません。

よみがえる優生思想

岡本　先ほどから話題にのぼっているように、遺伝子操作はある種の優生思想なんです。チャールズ・ダーウィン*のいとこであるフランシス・ゴルトンは、一八八三年に発表した『人間の知性とその発達』のなかで、**優生学**（**Eugenics**）という概念を提唱しました。進化論の応用として人間の改良を目指すものです。ゴルトンによる定義では、「人種を改良する科学」とされ、「適切な人種や血統が、あまり適切ではない人種に対して、早く優位に立てるようにする科学」と語られます。[3]しかし、問題はそのあとです。

　ハーバーマスの著書にもあるように、優生学は**ポジティブな優生学**と**ネガティブな優生学**に分類できます。

　これこれの病気を持っている人は排除するという発想はネガティブな優生学、より優秀な人をつくっていくという発想がポジティブ優生学です。では、ある人が「優

チャールズ・ダーウィン
（1809-1882）
イギリスの自然科学者。自然選択説にもとづく進化論を提唱した。著書に『種の起原』『人間の由来』など。

生」かどうかは科学的に検証することが可能なのでしょうか？　ゴルトンの定義は曖昧で、自然科学なのか社会科学なのか、あるいは社会政策や革命思想の一種なのか、はっきりしません。

優生思想というとナチスにすぐに結びついて、私の若い頃はすぐに批判されていたんですが、二〇世紀には世界全体で優生主義が流行しているんです。日本でも**優生保護法***がずっと続いてきましたし、アメリカやスウェーデン、デンマークなどでも断種法が施行されていました。

ナチスがやった優生主義と、優生的な考え方そのものは分ける必要があるでしょう。ナチス型の優生学は、国家や組織が、個人の生存や生殖、自由に対して強制的に決定したり、命令したり、排除したりする、全体主義的な政策を行ないました。問題なのは優生学ではなく、「ナチス型」のほうかもしれない。

ナチス的ではない優生主義、国家や組織の強制ではない優生主義を、最近では「**リベラルな優生主義**」と呼びます。ハーバーマスの『人間の将来とバイオエシックス』も、リベラルな優生主義を批判するものです。優生主義を一概に否定するのではなく、積極的に考えてみる必要があるのかもしれません。

優生保護法
一九四八年施行。遺伝性疾患や精神障害などを理由に不妊手術や中絶を認めた。九六年に「母体保護法」に改正された。

クローン人間は許されるか

岡本　もう一つ、みなさんに考えていただきたいのが「クローン」の問題です。

一九九六年にクローン羊のドリーが誕生しました。二〇〇一年にはクローンキャットが誕生し、二〇〇四年には売りだされた。クローン牛もいます。はじめは、寿命が短いのではないか、障害を持って生まれるのではないかといわれていましたが、改善が続けられて、クローン生物はかなりの精度で誕生できるようになりました。

クローンのつくり方を確認しておきましょう。まず、女性から卵子を提供してもらい、卵子の核を取り除く。その卵子に、クローン元の体細胞から摘出した核を挿入する。これに電気的に刺激を与えて初期化すると、細胞分裂を始めます。その段階で女性の子宮に戻す。そうすると、十月十日《とつきとおか》で、自然妊娠の子どもと同じように生まれます（図10）。

クローンというと、３Ｄプリンタのように大人の複製がそのまま出てくるとイメージしている人がいますが、そうではなくて、あくまでも赤ん坊として生まれるのです。

では、クローン人間をつくってはいけないのでしょうか。いくつかのケースを考えてみます。

図10　クローンのつくり方

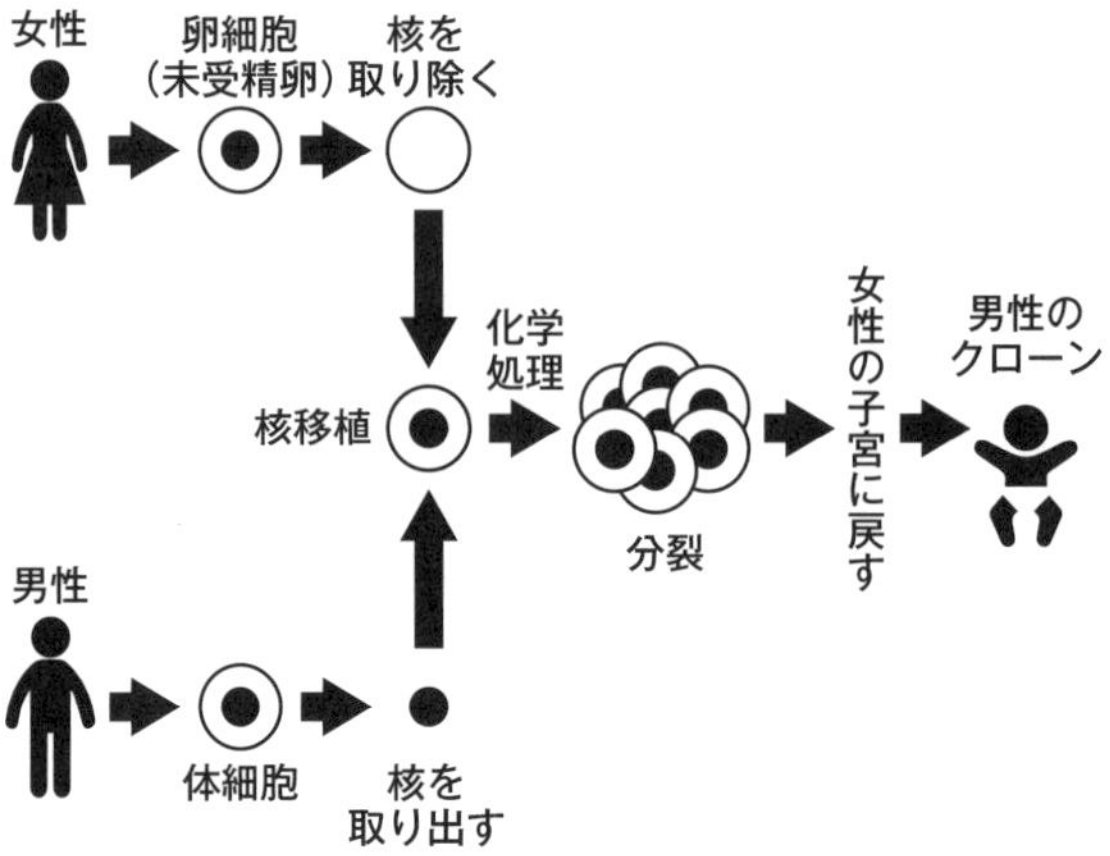

問題1 クローン息子（息子の体細胞からつくる）

ユダヤ系の夫婦、エイブとサラ。二人には、マイケルという子どもがいました。ある日、エイブとマイケルが自動車事故に遭って、エイブは死に、マイケルは植物状態になってしまいます。サラは、マイケルの体細胞からクローンの弟デヴィッドをつくりました。なお、マイケルはユダヤ系に多く見られる遺伝病「テイ＝サックス病*」の因子を持っていないことが、遺伝子検査でわかっているとします。

テイ＝サックス病 特定の酵素が作れないために神経が侵される病気。

問題2 クローン夫

チャーリーとマドンナの夫婦。結婚して数日後にチャーリーが交通事故に遭って脳死状態になってしまいます。そこでマドンナはチャーリーの体細胞からクローン・チャーリーをつくり出します。

問題3 クローン息子(夫の体細胞からつくる)

のび太としずかの夫婦。結婚後、のび太の無精子症が判明。子どもをつくる方法は三つ考えられます。一つには、まったくの他人から精子を提供してもらう方法。二つめに、のび太の父・のび助から精子を提供してもらう方法。そうすれば、のび太との遺伝上の関連性はある程度残せます。そして三つめに、のび太の体細胞からクローン・のび太をつくる方法。

問題4 クローン私

ナルシストのミランダ。子どもはほしい、でも男はいらない。かといって知らない人の精子を提供してもらうのも気持ち悪いし、知っている人の精子を提供してもらうのも気持ち悪い。そこで自分のことが大好きなミランダは、自分自身のクローンをつくることに決めます。

それぞれのケースについて、賛成か反対かを考えてみてください。

（ディスカッション）

岡本　さて、いかがでしょうか。

男性L　どのケースでもクローンをつくるのは反対です。一言でいうと、社会的な結合が崩れるのではないかと思いました。科学技術で子どもができるなら、結婚も必要なくなってくるだろうし、社会を成り立たせている前提が大きく崩れるのではないかと。それは気持ち悪いなと思います。

男性M　①から③は受け入れられると思います。個人の幸せを考えたときに、技術的に可能であれば、子どもをクローンで授かるとしても問題ないのではないでしょうか。ただ、ルールを定めずに許容するのはまずい。④をＯＫにしてしまうと、男性は不要になって、女の子を産みたくなると思います。究極的には人間は女性だけになっていく。それを世の中は容認できるのかという問題があります。

男性N　クローンという言葉が悪いのかなと。クローン技術で生まれた人間は、別個の人格、別個の個体ではないでしょうか。社会的な基盤や前提がなくなるのではないかという意見が先ほど出ましたが、クローンが人格を持つとすれば、共生していくこともありえる。むしろ新たな可能性が開けるのではと思います。

④への違和感は私も最初に感じました。なぜかというと、悔しいんですね。それが許されるなら男の自分だって自分のクローンをつくる権利がほしい。

岡本　男性も自分のクローンをつくれれば④も問題ないと。女性から卵子を提供してもらって代理母に産んでもらうということは可能ですね。

男性O　クローンをこっそりつくったらわからないよね、という話が出ました。小さな国が国策としてすでにつくっていたことが判明したような場合、もはや認めざるを得ないのではないかという気がしています。ただ四つの事例とも、人間がこういう技術を完全にコントロールできる前提で認める・認めないの話になっていて、そこがどうにも気持ち悪い感じがします。

岡本　その感覚はハーバーマスが抱いたのと同じものかもしれません。他人の意図を子どものなかにすべりこませるという意味で、子どもの「自律性」がなくなるとハーバーマスは考えました。しかしながら、クローンで子どもが生まれるからといって、果たして子どもの自律性は本当になくなるのか。他人の意図が一生涯つきまとうかどうかは、実は微妙である気がします。

他にありますか？

男性P　クローン人間はクローン元の人間と一世代違います。育てる親も違うし育つ時代も違うので、クローン人間はクローン元の人間とは別の人格に育つはずです。だとすれば、先ほども出たように、「クローン」というとらえ方がそもそも適切ではないように思います。

そのように考えていくと、なぜ禁止する必要があるのか、と素朴に思い始めました。たとえばLGBT*を考えたときに、ゲイのカップルは、他人の子どもを育てるよりはどちらか一方のクローンをつくって育てたほうが家族の絆が強まると思います。社会的絆がなくなるというのは、また別の問題のような気もします。クローン技術に関係なく、結婚しない人が増えている現状があるので。少子化問題の解決にもつながりますし、逆にクローン人間がなぜダメなのかという議論をしました。

岡本　つくり方そのものを理解してしまえば、いったい全体これのどこが問題なのかわからない、ということですね。たしかに、技術的に未熟であったり、危険性がつきまとっている段階では、普通はその技術を社会に適用しようという話にはならず、仮に適用されたとしても実際に使おうという人はほとんどいないでしょう。では、技術

LGBT
レズビアン（女性同性愛者）、ゲイ（男性同性愛者）、バイセクシュアル（両性愛者）、トランスジェンダー（心と体の性が一致しない人）の総称。

の安全性が確保され、ある程度安価で使用可能になったときに、どこに問題があるのか。

こうした問題を考えてみるときに、ハーバーマスのような強い批判はあたっているでしょうか。

ハーバーマスはハンナ・アーレント*の「**出生性**」の概念を用いて遺伝子操作を批判しています。受精卵に対し遺伝子操作を行なうことは生命の誕生に他者の意図を介入させることを意味し、その人固有の出生性が損なわれることになる、と。

ですが、クローンであろうとなかろうと、生まれてくる本人は出発点を選べません。私見では、ハーバーマスは出生性を神秘化してしまったように感じます。みなさんもぜひ彼の本をもう一度読み直して、あらためて考えてみてください。

進化、宗教、ポストヒューマン

岡本　**ポストヒューマン**ということが最近よくいわれます。現在の人間がヒューマンだとするならば、自らの遺伝子に手を加え新しい能力を持ったのがポストヒューマンです。

たとえば、冒頭で登場してもらったシルヴァーは、『人類最後のタブー』の前に書

ハンナ・アーレント（**1906-1975**）ドイツ出身の哲学者、思想家。アドルノ、ホルクハイマー（第2講）と同様ユダヤ人であり、ナチスを逃れドイツからアメリカに亡命。戦後はアメリカで全体主義の解明に取り組んだ。著書に『人間の条件』『全体主義の起原』など。

いた『複製されるヒト』という本のなかで次のような議論を展開しています。[4]

人間が自分たちの遺伝子を組み換えていって数世代たったときに、積極的に組み換えていった家系の子孫と、そうしなかった家系の子孫とが恋に落ちて結婚したが、子どもができなかった。**われわれが遺伝子を組み換え続けると、数世代先の人間は、現在の人間と交配しても子どもが生まれない状態になっているかもしれない。**チンパンジーよりもさらに遺伝子的に異なる状態になるかもしれない——。

人類がポストヒューマンへと進化する出発点に私たちが立っている、というこのような考え方を**トランスヒューマニズム（人間超越主義）**といい、こうした流れが世界レベルでの共通了解事項になりつつあります。

しかしその一方で、そもそも進化論を信じるかどうかが近年でも論争の的になっているんです。そこをおさえることで、現代の哲学的な動向も見えてきます。

二〇世紀末、アメリカの反進化論者が**インテリジェント・デザイン説**を提起しました。これは、高度な知性を持った何者かがこの世界なり生物なりをデザインしてつくり上げたという発想です。非科学的な考えに思えるかもしれませんが、アメリカは宗教の根付いた国。ギャラップ社の世論調査（図11）によれば、神が人間を直接的に創造したと考えるアメリカ人（①）が、最近まで四割以上を占めていました。進化論を否定はしないまでも神の関与を認める人（②）まで含めると、二〇一七年時点でも全

図 11　人類誕生に関するアメリカ人の見解

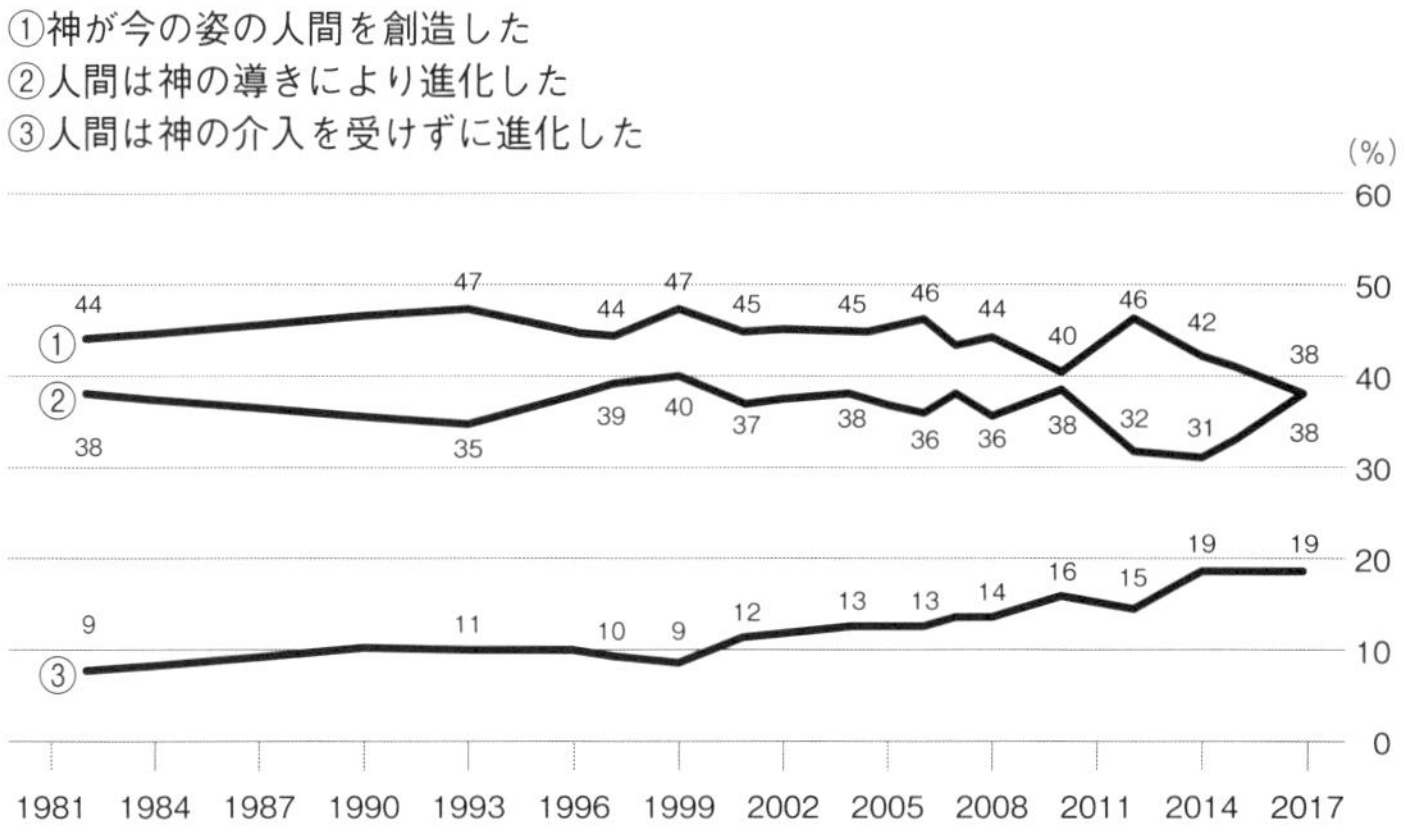

ギャラップ調査

体の七割を超えています。**進化論を完全に信じている人（③）は一九パーセントにすぎません。**[5]

インテリジェント・デザイン説に再反論する形で、**無神論ムーブメント**が起こりました。9・11以後、アメリカで活発になった動きで、科学主義の立場から神の存在を否定するものです。世俗的なテロリズムが宗教に起因しているという考えのもと、そういう宗教を信じるのは妄想である、呪縛であるとするのが、この運動の特徴です。

リチャード・ドーキンス*は著書『神は妄想である』において、自然科学的に考えたときに、どう考えてもキリスト教的な説明は批判されるべきであると述べています。[6] ダニエル・デネットは『解明さ

リチャード・ドーキンス（1941-）
イギリスの進化生物学者。オックスフォード大学で講師を務めた。一九七六年に発表した処女作『利己的な遺伝子』はそれまでの生命観を根底から覆し世界的ベストセラーになった。他の著書に『虹の解体』『魂に息づく科学』など。

れる宗教』という著書で、宗教を人間の自然現象として科学的に説明しました。宗教は進化にとって有利に働いたというのが、デネットの基本的な主張です。[7]

ここに、哲学の「**自然主義的転回**」を見ることができます。

「PART1 人工知能」で取り上げたトロッコ問題についても、この潮流のなかで新たな説明方式が出てきています。たとえばジョシュア・グリーン*はfMRI（機能的核磁気共鳴画像法）を用いて、**人が「スイッチのパターン」を考えるときと「陸橋のパターン」を考えるときとでは、脳の異なる部位が働いている**ことを明らかにしました。[8]

これは、ピーター・シンガーが唱える進化論的な説明に、実証的な裏づけを与えるものでした。シンガーによれば、「陸橋のパターン」で太った男を突き落とせないのは、進化的に低次の脳領域が働くからだといいます。感情が支配する小さな人間関係のなかで生活していたときの判断が、目の前の人間の命を自らの手で奪うことを直感的にためらわせるのだ、と。それに対して、より冷静に判断できる「スイッチのパターン」では、進化が進んで集団が大きくなるにつれて発達した理性をつかさどる脳領域が働き、五人を救うほうを選ぶ、というわけです。**現在の人類でさえ、進化論的には旧式な脳の働きをまだ引きずっている**というんです。[9]

ジョシュア・グリーン（1974-）
アメリカの哲学者。ハーバード大学心理学教授。道徳哲学について、心理学や進化生物学、脳科学の知見を取り入れた研究を行なっている。著書に『モラル・トライブズ』など。

マルクス・ガブリエルの自然主義批判

岡本　他方、こうした自然主義的転回に対して批判的な立場をとる哲学者もいます。その筆頭が、ドイツの**マルクス・ガブリエル***です。まだ三〇代の若手で、さわやかな風貌も相まって現代哲学界のスターとして存在感を示しています。彼は『**なぜ世界は存在しないのか**』という、ちょっと人を食ったようなタイトルの著作のなかで、ドーキンスやデネットを批判しています。[10]

ガブリエルは彼らの立場を「**ネオ無神論**」と呼びます。「天地創造は科学的仮説として間違っている」と主張することで果たして宗教の問題が解決するかというと、ガブリエルによれば解決しないというんです。

ガブリエルいわく、自然主義の大きな問題は、存在を物質的なものだけに限定して考えている点です。

物質としての宗教をいくら考えたところで宗教の働きを説明したことにはならないのは、みなさんも納得がいくのではないかと思います。たとえば、空飛ぶスパゲッティ・モンスター教*のようなパロディ宗教の信者が全世界に何万人と存在することについて、どう考えたらいいのでしょうか。

マルクス・ガブリエル
（1980-）
ドイツの哲学者。二九歳でボン大学教授に就任。「新実在論」を提唱し、ポストモダンの超克を目指す。二〇一三年に発表した『世界はなぜ存在しないのか』は哲学書としては異例のベストセラーになった。スラヴォイ・ジジェクとの共著に『神話・狂気・哄笑』がある。

近代が進展していくと、最終的に宗教は消滅すると思われていた時期がありましたが、実際は現代において、宗教はむしろ新たに復活しています。**ＩＳ（イスラム国）**をはじめとするイスラーム原理主義の問題もありますし、アメリカ的なキリスト教原理主義の問題もあります。**宗教が消えてなくなるというのはあまりにも甘い想定でした。**

国家についても同様です。日本という概念は、領土だけを指すのではなく、たとえば政治的・経済的な統一体という面がありますので、物質には限定できません。だからといって果たしてそんなものは存在しないのかといえば、そんなことはありませんよね。

お金はどうでしょう。物質的にはただの紙切れであるはずのお金は、非常に重要なものとしてみんなに信憑されています。あるいは、人の心。心を脳の働きだけに限定してすべて説明できるかというと、どうもそうでもなさそうです。

このようなガブリエルの主張に共鳴するか、それとも自然主義的転回にくみするか、どんな立場をとるにせよ、遺伝子改変により人間が人為的な進化をとげる可能性について、私たちは面と向かって考える必要に迫られています。そうしたときに、一方の意見が迷信で他方が科学的に正しい、と簡単に断じるだけでは話がすまない。それだけは確かです。

空飛ぶスパゲッティ・モンスター教
インテリジェント・デザイン説を公教育に持ちこむことへの批判として二〇〇五年に始まったパロディ宗教。二〇一六年にはオランダで正式な宗教団体として認可されている。シンボルマークは次のとおり。

第5講

科学技術の問題を誰がどのように考えたらいいのか

ゲスト講師：平川秀幸（大阪大学教授）

ゲスト講師プロフィール

平川秀幸（ひらかわ・ひでゆき）

1964年生まれ。大阪大学COデザインセンター教授。国際基督教大学、東京工業大学で物理学を学んだのち、国際基督教大学で科学哲学を研究。京都女子大学現代社会学部助教授、大阪大学コミュニケーションデザイン・センター准教授等を経て現職。専門は科学技術社会論。著書に『科学は誰のものか』、共編著に『リスクコミュニケーションの現在』など。

平川　大阪大学の平川秀幸と申します。私の専門は科学技術論、あるいは科学技術社会論と呼ばれる分野です。生命倫理やエネルギー問題など、いろいろなテーマで取り組んでいる人がこの分野にはいますが、私はリスクの問題を、特に規制に関する社会的意思決定のあり方について研究しています。

たとえば、もうだいぶ昔ですが、ＢＳＥ*、いわゆる狂牛病が話題になりました。日本では二〇〇一年九月、ＢＳＥに感染している牛がはじめて見つかりました。その後、二〇〇三年一二月にアメリカで見つかると、ただちに日本政府は米国産の牛肉を輸入禁止にしました。

これに対して米国政府はすぐさま輸入再開を迫ってきました。米国はブッシュ・ジュニア大統領、日本は小泉政権の時代です。日本の法制度では、輸入再開をするのかしないのかを決定するためには、内閣府の食品安全委員会によって科学的なリスク評価を行なう必要があります。このケースでは、米国産牛肉を輸入した場合に、ＢＳＥに日本人が感染するリスクがどれくらい上がるのかを検討しました。

このように科学的な評価やエビデンスが必要となる政策決定において、実際に科学がどのように利用されているのか、あるいはされていないのか。また、政策決定では、科学だけでなく、決定した内容が社会にどのような影響を与えるか、政治的・経済的な問題や倫理的問題も考慮されます。米国産牛肉の場合であれば、米国の外交関係や

ＢＳＥ
Bovine Spongiform Encephalopathy、牛海綿状脳症。一九八六年にイギリスで最初に発見された。ＢＳＥプリオンと呼ばれる病原体に感染した牛は脳の組織がスポンジ状になり、異常行動や運動失調を示したのち死にいたる。

国内の食肉産業への影響などですね。それら科学的な判断と社会的な判断が意思決定のなかでどのように働いているのか、そこに一般市民や利害関係者の意見はどのように反映されるのか、そして、これら意思決定のプロセスは本来どうあるべきかを、科学哲学や科学社会学、政治学などの観点から探ることが、私の研究の関心です。

そのようなわけで今日も、バイオサイエンスそのものの話よりは、**バイオサイエンスに象徴される現代の科学技術の社会的・政治的な問題**をどう考えるのかを中心に話していきたいと思います。

科学技術がどんどん発展し、さまざまな分野で利用されていく。それによって私たちの生活や社会が変わっていくだろうし、場合によっては人間自身が変わっていくかもしれません。前回の岡本先生のお話にも、トランスヒューマン、ポストヒューマンというトピックがありました。遺伝子操作をしていくなかで、私たちの子どもたちや孫たちが生物学的に変化し、精神や知性のあり方が変わっていく可能性があります。そのように、これから個人の人生だけではなく、人類としての運命を大きく変えていく可能性がある科学技術の問題を、私たちはどう考えたらいいのでしょうか。

『人工知能』誌の炎上

平川　科学技術の望ましさを考えることは、否応なく社会のあり方の望ましさを考えることにつながります。さらにいうと、何が望ましくて、何が望ましくないのかを考えるときに、みなさんそれぞれが前提にしているさまざまな価値観や生き方、社会のあり方についてのビジョンそれ自体も疑ってみる必要があります。「**『望ましさ』の望ましさを反省してみる**」ということで、これはある種の哲学的思考です。私たちが当たり前だと思っている前提を掘り下げていくわけですね。

日本人工知能学会の発行する学会誌『人工知能』が「炎上」した件をご存じでしょうか。当時、MIT（マサチューセッツ工科大学）の助手をしながらアメリカと日本を行き来していた「スプツニ子！」*さんが、ツイッター上で次のように発言したことで話題になりました。

「『人工知能学会誌の表紙デザインの何がいけないの？』と言う人は、例えばアメリカの学会誌表紙が黒人や黄色人種の掃除アンドロイドだったらというのを想像してほしい」（二〇一三年一二月二五日二二時四〇分）

こちらが問題の表紙です（図12、二〇一四年一月号）。ネット上で議論になったのは、「**アンドロイドが実現した数十年後の社会でも、掃除は女性の仕事なのか**」とい

スプツニ子！
（1985-）
日本人アーティスト。東京大学特任准教授。元MITメディアラボ助教。理系の視点からポップかつユーモアのある作品を発表。著書に『はみだす力』がある。

う点でした。

　実は、この二〇一四年一月号から一一月号まで、ストーリーが続いているんです。五月号の表紙では、男子学生たちが掃除もせずに研究室で昼寝しているような様子です。一人だけ起きて照れくさそうにほうきを持っている男子がいますが、七月号の表紙では、結局、女子学生がロボットと一緒に掃除しています。男子学生は仕事していますね。

　そして、九月号の表紙でわかるように、彼女がやがて研究者として独立して開発したのが、問題になった表紙のアンドロイドというわけです。つまり、アンドロイドのデザインに、家事の分担はどうあるべきかという、学生時代のときからの社会の価値観、性別役割がそのまま反映されている。そして、このアンドロイドのあり方自体が、逆に人間社会の価値観を固定化していくことにもつながります。*

　こういうアンドロイドがあるといいな、と思ったとして、その「いいな」を成り立たせている価値観はなんなのか。「いいな」は本当に「いい」のか。そうしたことを考えていくのが、今日の基本的視座になります。

技術は価値中立的か？

＊学会誌表紙「炎上事件」のあと人工知能学会では、科学技術社会論や哲学などの研究者と協働して「人工知能技術が浸透する社会を考える」という特集を学会誌（二〇一四年九月号）で組むとともに、倫理委員会を設置して議論を重ね、今後の人工知能学会と社会との対話に向けた「倫理指針」を二〇一七年二月に公表している。研究者の共同体が社会からの批判や懸念に真摯に応えた極めて重要な事例である。

図 12 『人工知能』誌

2014 年 7 月号

2014 年 1 月号

2014 年 9 月号

2014 年 5 月号

平川　科学技術と社会との関わり方をどのように見るか。伝統的には三つの考え方があります。

　そのうち二つは古くからあるもので、一つが「**技術の道具説**」。技術は目的とその価値前提から独立した手段である、という見方です。ある目的を定めることは、人間が行なうさまざまな行為や選択のなかから、特定のものを、よりよいもの、より望ましいものとして選び出すことに他なりません。そこには何かしらの価値判断があるわけです。

　一方、目的を実現するための手段＝技術それ自体には善悪はない。たとえばある技術をテロで使用する非常に毒性の強いウィルスをつくり出すために使うとします。このとき、そうした殺人的なウィルスをつくり出すためというのは悪い目的である。けれども、そのために使われる技術そのものに良い悪いはない。こういう考え方を価値中立性といいます。

　価値中立性の考え方を持ったもう一つの立場が、「**技術決定論**」です。技術はそれ自体に内在する基準や論理、価値観にもとづいて、社会全体にあるさまざまな価値観や利害関係とは無関係に自律的に発展するという考え方で、ジャック・エリュール*やルイス・マンフォード*といった思想家がこの技術決定論を唱えました。彼らによれば、むしろ社会の側が技術の変化によって変えられる。社会の運命や個人の運命は技術に

ジャック・エリュール
（1912-1994）
フランスの思想家。一九五四年に発表した『技術社会』で先駆的な文明批評を展開。他の著書に『意志と行為』など。

ルイス・マンフォード
（1895-1990）
アメリカの社会哲学者、文明批評家、都市研究家。都市の芸術性や建築の社会的側面を強調する評論を発表し、世界的に注目された。スタンフォード大学教授やペンシルベニア大学教授を歴任。著書に『ユートピアの系譜』『歴史の都市、明日の都市』など。

よって決定されているという見方です。

この二つの立場に対して、一九七〇年代終わりから八〇年代ぐらいに出てきた比較的新しい考え方として、「**社会構成主義**」があります。これは、技術決定論の考え方を逆転させたものです。技術が社会を決定するのではなく、社会のさまざまな価値判断や利害関係が技術のデザインや機能を決定していくという考え方です。

一つ、例を見てみましょう。

ニューヨークのリゾート地・ロングアイランドのジョーンズビーチ公園に向かうハイウェイには、二〇〇本ほどの橋（高路交差）がかかっています。この橋の高さは八・五フィート。実はここに、ある仕掛けがあります。

建設したのはロバート・モーゼス*という建築家です。彼は建築家として有名であると同時に、人種差別主義者としても非常に有名でした。この橋の設計には彼の思想が色濃く織りこまれているといわれています。

ニューヨークの公営バスは二階建てで、一二フィートあまりの車高がありました。つまり、公営バスはこの橋の下を通れません。**モーゼスは、ジョーンズビーチから貧しい黒人、貧しい白人を排除するために八・五フィートという高さを設定したのです。**

ここでは人工物そのものが人種差別という思想を反映し、人種差別という行為を行なっているとみなすことができます。[1]

ロバート・モーゼス（1888-1981）
二〇世紀中葉のアメリカを代表する都市計画家。公園や交通網の整備などニューヨーク市の再開発などを主導し、「マスタービルダー」とも呼ばれた。それとともに人種差別主義者としても名が知られていた。

このように構造物や情報システムなど人工物のデザインによって人間の行動を方向づけることは、**環境管理型権力、アーキテクチャの権力**とも呼ばれます。これはみなさんの身近なところでも見られます。たとえば、公園でよく見かける、手すりがついているベンチは、ホームレスが横になれないようにする目的で設計されたものです（図13）。

これらのベンチも、モーゼスの橋と同じように、ポリティクス（政治）を担っているわけです。

モーゼスの橋や手すりつきベンチが人の行動を制限したり差別したりする政治的効果があるのに対して、ユニバーサルデザインの製品やバリアフリーの構造物は、人の行動の可能性を広げ、身体が不自由な人たちを社会に包摂する政治的効果を狙ったアーキテクチャの権力だということができます。

技術の影響は「作動条件」まで含める

平川　技術がもたらす社会的影響について、さらに考えてみましょう。技術の影響を考えるには、技術そのものだけでなく、その「**作動条件**」にも目を向けなければなりません。

図 13　新宿区立新宿中央公園のベンチ

たとえばスマートフォンを開発して製品化し実用化しようとしても、すぐに機能するわけではありません。あちこちに基地局を立てて、通信のネットワーク、いわゆる「圏内」を確保する必要があります。これが技術の作動条件で、これを組み立てることを私は「**世界の実験室化**」と呼んでいます。実験室や研究室で技術が成立した条件をより精密にして、安定化して、それを外の世界に広げていく。世界の側を実験室と同じ環境につくり替えていく。それによって、物理的な自然や社会の環境も変われば、政治的、法的、倫理的、さまざまな関係性も変わり、その結果、自然や社会にさまざまな影響が生じます。

　つまり、技術が社会にもたらすインパクトには、製品やサービスそのものが直接も

たらすメリット・デメリットに加えて、作動条件を構築・維持する世界の実験室化によってもたらされるインパクトも含まれるわけです。

たとえば、一九四〇年代から六〇年代にかけて行なわれた穀物増産プロジェクト「**緑の革命**」は、「高収量性品種」と呼ばれる収量の高い小麦や米を開発してアジアやアフリカの途上国に配り、飢餓を救おうとする試みでした。アメリカのロックフェラー財団をはじめとする各団体が多額の出資をした一大プロジェクトで、推進者の一人であった科学者ノーマン・ボーローグ*はその貢献をたたえられてノーベル平和賞を受賞しています。

実際、「緑の革命」が導入された途上国では収量が上がったのですが、同時にさまざまな問題も生じました。その原因の多くは、革命で使われた高収量性品種のタネそのものやその収穫物ではありませんでした。影響をもたらしたのは、高収量性というタネの性質を発揮させるのに必要な作動条件でした。たとえば高収量性品種のタネは化学肥料を使わないと元気に育ちません。大量の水も必要なので、大規模な灌漑《かんがい》施設が要ります。病虫害に弱いので、農薬も欠かせません。これらが高収量性品種が高収量性を発揮するための作動条件です。

こうした作動条件をつくることによって何が生じたか。化学肥料や農薬を使うので、当然、生産コストが上がります。そうなると農家は、これまで以上にお金を稼がなけ

ノーマン・ボーローグ（1914-2009）
アメリカの農学者。国際トウモロコシ・小麦改良センター（CIMMYT）の小麦部長として活躍した。日本大学が名誉博士号を授与している。

ればいけない。自分たちの土地の資源を使って循環的にやっていたのに、外から資源を買ってこないと成り立たない農業になってしまう。比較的貧しい農家の場合は、そのコスト増に耐えられなくなって、むしろさらに貧困化していく。**貧富の格差が拡大してしまったんです。**また、化学肥料や農薬を使うことによる環境汚染の問題もありました。大規模な灌漑を行なったことで農地で塩害が発生したり、川の流れを変えたために水争いが起き、地域社会の秩序が不安定になったりしました。

技術の社会的影響を考えるときには、技術の作動条件まで含めて考えなければならないことを示す事例でした。先ほどから「技術そのもの」という言い方をしてきましたが、技術とは作動条件まで含めたものであり、それから切り離された「そのもの」にはあまり意味がないともいえるでしょう。

技術の問題に市民は不要？

平川　次に、科学技術と社会の問題を「誰が」「どう」考えるか、ガバナンスの問題に焦点をあててみましょう。

ここには伝統的な二つの対立があります。**技術官僚制（テクノクラシー）**と**民主制（デモクラシー）**の対立です。

技術の問題は基本的に前者の側で考えられがちです。専門家が意思決定をする、あるいは、専門知を持った人たちのさまざまな情報や助言にもとづいて、行政官や政治家が政策決定する。**この過程においても、先ほどの価値中立性が強調されます。**専門的な観点での判断は、世の中の価値観とは独立して下すことができるし、またそうあるべきだ、というわけです。

たしかに、専門的・科学的な結論が世の中の価値観や意見に左右されるのは問題ですが、行き過ぎると、よくないことが起きます。本来は、専門家以外の人たちの見方や考え方も含めて多角的に判断しないといけない問題なのに、科学技術が関わる問題だということで、専門家の判断ばかりが優先されがちになります。

かつてこんなことがありました。二〇〇〇年一月二三日、徳島県徳島市で、政府が市内を流れる吉野川に造ろうとしていた可動堰《かどうせき》というダムの建設計画の是非を問う住民投票が行なわれました（結果は反対派の勝利）。この投票の直前、当時の中山正暉建設大臣が次のような発言をしたのです。「ダムをつくるかつくらないかは、純粋に科学的・技術的な問題である。したがってそれは専門知、専門家の判断にもとづけばいいのだ。住民投票は民主主義の誤作動である。民主主義はたしかに大事だけれども、それを技術的な問題に当てはめることは、あたかも一足す一を多数決で決めるような愚かなことだ」と。この発言は大きな批判を浴びました。

こうした考え方は「**欠如モデル**」という、次のような考え方にもつながります。「ダム建設（あるいは遺伝子組み換えや原子力発電）を行なうか行なわないかで不安を抱くのは、みなさん（国民）が無知だからです。よく知らないから不安になるのであって、専門家が正しい知識を教えてあげて、みなさんが理解すれば不安は解消され、技術やリスクを受け入れられるようになりますよ」という考え方です。**政治家のみなさんが、政策に支持が得られないときによくいう「ご理解ください」「理解がまだまだ足りなかったようで……」の科学技術版**ですね。そういう言い方で、国民からの意見はシャットアウトされてしまうわけです。

一足す一を多数決で決めることはたしかにナンセンスです。しかし、果たして技術の問題は、多数決、あるいはいろいろな価値判断では決められない、専門家ではないと判断できない問題ばかりなのでしょうか。必ずしもそうではありません。

かつて、スペイン、イギリス、ドイツ、イタリア、フランスの五カ国で、遺伝子組み換え作物についてどのような点が気になるか、どんなことが問題だと思うかを自由に議論してもらう調査が行なわれました[2]（図14）。そのなかでどのような話題が頻繁にのぼってきたかというと、**理系的な観点だけで答えられる問題は一つもなかった**のです。

たとえば、「長期的な潜在的影響は評価されているのか、それはどのようにして

図 14　欧州５カ国の一般市民が遺伝子組み換え作物に抱く主な疑問

なぜ GMO（遺伝子組み換え作物）が必要なのか？　その便益は何か？
GMO の利用で利益を得るのは誰なのか？
GMO の開発は誰がどのように決定したのか？
GM（遺伝子組み換え）食品が商業化される前に、なぜわれわれはもっとよい情報を与えられなかったのか？
なぜわれわれは、GM 製品を買うか買わないかを選ぶもっと効果的な手段を与えられていないのか？
規制当局は GM 開発を進める大企業を効果的に規制するのに十分な権力と能力を持っているのか？
規制当局による管理は有効に運用できるのか？
リスクは真剣に評価されているのか？ 誰がどのように行なっているのか？
長期的な潜在的影響は評価されているのか、それはどのようにしてか？
解消できない不確実性や未知の事柄は、意思決定のなかでどのように考慮されているのか？
予見されない有害な影響が生じた場合の救済策として、どんなプランが立てられているのか？
予見されなかった被害が生じたときには誰が責任を負うのか、どうやって責任をとるのか？

Marris et al, Public Perceptions of Agricultural Biotechnologies in Europe (PABE), final report of EU research project, FAIR CT98-3844 (DG12 - SSMI), 2001 より

か」。これは一見科学的な問題のように見えますが、実は決め方や信頼性の問題です。誰がどのように評価をするのか、その人たちは信頼に値するのか。どういうデータにもとづいて評価しているのか、誰が実験して出したデータなのか。「なぜわれわれは、GM（遺伝子組み換え）製品を買うか買わないかを選ぶもっと効果的な手段を与えられていないのか」といった、選ぶ権利や知る権利に関わる問題もあります。

あるいは、「解消できない不確実性や未知の事柄は、意思決定のなかでどのように考慮されているのか」という疑問では、知識の不確実性そのものではなく、意思決定のやり方が問題になっています。「予見されない有害な影響が生じた場合の救済策はどうなのか」「被害が生じたときに誰が責任をとるのか」といった話題は、倫理的、道義的、行政的、法的な問題です。

このように、遺伝子組み換え作物そのものが安全かどうかという科学的な問題は、実はそれほど重要視されていなかった。もちろんそうした問題が根っこにはあるのだけれど、それ以上に、こうした社会的・政治的な問題についての疑問が大きいし、それらに答えてくれないことには「安全だ」という国や企業の言葉を信用することもできない、知りたいのはそこだ、ということです。

科学技術について議論すること——アーレントの哲学から

平川　ここで大事なポイントは、一見、専門知識がなければ判断できないように見える科学技術の問題であっても、専門家ではない一般の人たちでも考えることのできる問題、あるいは、専門家に委ねてしまってはいけない問題がたくさんあるということです。たとえば、意思決定のあり方、知る権利や選ぶ権利の保障、救済策をどのように実現するかということは、行政も含めた専門家たちの知識や判断が必要ですが、**それらが適切に行なわれているか、十分なものなのか、信頼できるものなのかどうかを究極的に判断するのは私たち市民一人一人です。**

そして、このような専門的なものに閉じない問題の広がりと、この広がりを与える一般市民も含めた多様な人たちが関わることによって成り立つのが、科学技術について議論する「**公共圏（public sphere）**」です。「公共圏」という言葉は、**ハンナ・アーレント**が提示して、**ユルゲン・ハーバーマス**が洗練させた概念です。さまざまな価値観、知識、意見を持った人たちが、対等な関係で、共通の関心事について議論する「場」のことで、物理的な空間であることもあれば、インターネットのサイバースペースのような場もありえます。そのような場で、人々が共通の関心事について学習し、自分とは立場の異なる人たちの意見に耳を傾けて議論し、議論を通じて自分の考えを深める。そのように、討議と学習、そして熟慮が行なわれる場のことを公共圏といいます。この哲学講座も、まさにそうした場の一つです。

問題の「フレーム」に着目する

平川　そのような公共圏で行なわれる議論が果たす重要な役割の一つは、ある問題について、どのような観点から考えるのか、**「フレーミング」を見直したり、拡張したりする**ことです。フレーミングというのは、ある問題を、どのような種類の問題として、どのような知識や経験と結びつけて考えるのかということです。フレーミングの名詞形、フレームとは、枠組みとか写真のフレームを意味しますから、問題の枠づけ方、切り出し方という言い方もできます。さっきの遺伝子組み換え作物の社会的・政治的問題の話はその一例です。

他にも、たとえば前回の講座ではポストヒューマンの話がありました。どんどん遺伝子改造をしていくことによって、人間のあり方自体がいまの人間のそれとは変わっていくかもしれない。そのときに、新たに登場してきた、自分たちと異なる人間たちをどう扱うのか。この問題はいろいろなフレーミングで考えることができます。

たとえば、「その人たちは人間なのか」「そもそも『人間』とは何か」「『人間である』ということの本質や条件とは何か」と問うことができます。この人間としての本質あるいは条件を考えるやり方として、生物学的なフレーミングもあれば、文化人類学的なフレーミングや宗教的・神学的なフレーミングもあるでしょう。

あるいは、本質はなんであれ、人から生まれたものは人である、そしてそれは基本的人権を認められ、包摂されないといけないと考える。人権の問題として、法的なフレーミングで扱うこともできます。

ポストヒューマンという問題一つとっても、このようにいろいろなフレーミングで切り出せます。もっと大きなくくりでは、科学技術については、安全性やリスクの問題、セキュリティの問題、社会経済的な問題、政治的な問題、法的な問題、倫理的な問題など、さまざまなフレーミングがあります。

公共圏で行なわれる議論で、このようなフレーミングに注目することには大きな意義があります。一つは、**議論の対立やすれ違いのポイントがどこにあるのかを見つける手がかりになる**ことです。議論で対立したときには、同じ問いに対してイエスかノーか、どちらの答えが正しいのかで対立する以外にも、よく見てみると、問いそのもの、フレーミング自体がずれていることがよくあります。フレーミングに目を向けることで、すれ違いを解きほぐし、より意味のある議論にすることにもつながります。

もう一つ大きな意義は、**適切なアジェンダセッティング（議題設定）を行なう**ことです。問題をちゃんと解明したり解決したりするためには、そもそもそれはどういう問題なのか、フレーミングを適切に定めることが不可欠ですよね。

そして、これらどちらの意義でも大事なのが、非専門家である一般の市民も含めて、議論の場にできるだけ多様な人たちが関わることです。そうすることで、それまで当たり前に思えていたフレーミングの偏りや狭さが明らかになり、より適切なフレーミングに修正されたり拡張されたりするわけです。

誰もが何かの専門家

平川　そうした議論のなかでは、専門家の役割は当然、重要です。専門家だからこそ気づく問題というのはたくさんありますから。それと同時に、専門家ではない人たちも、それぞれの問題関心や利害、価値観や知識、経験にもとづいて、気がつく問題、重要だと考える問題もたくさんあるでしょう。**そもそも「一般の市民」と一口にいっても、みなそれぞれ、生活者として、社会人として、なんらかの職業人としてなど、何かの「専門家」だともいえますよね。**

以前、私の研究グループで、将来的に再生医療が社会に実装される前に考えなければばいけないことは何かというテーマで、各回一〇～二〇人集め、五、六人ずつのグループで議論するワークショップを一六回開き、全部で一八〇人が参加しました。そのうちの二回は再生医療の研究者（計四〇名）でしたが、他は介護関係者や弁護士などの職業人を対象にしたもの、子育て中の女性を対象にしたもの、その他、参加者の属性を決めず自由参加で集まっていただいたものなど、いろいろな参加者に集まっていただきました。その結果、さまざまな論点が議論になったのですが、再生医療研究者と他の人たちでは、関心を持つ問題の種類、つまりフレーミングが大きく異なっていました。

たとえば保険の問題が議論されたのは、一般の方たちを対象にした回でした。iPS細胞*を利用した治療に生命保険がきくのかどうか、きかないとすれば私たち庶民は再生医療の恩恵を受けられないではないか。もしそうなら、私たちや私たちの子どもに関係のない研究や開発に税金が使われるのはどうなのか。そのような経済格差の問題や税金の使い道の問題、公共政策の問題まで議論されました。医療を将来受ける可能性のある者として、あるいは納税者として、そうした問題に関心が持たれたわけです。

iPS細胞
Induced Pluripotent Stem cell、人工多能性幹細胞。二〇〇六年、京都大学の山中伸弥教授率いる研究グループがはじめて作成に成功した。

「思考なき被造物」にならないために

平川　そのように技術の専門家でない人たちが集まって議論するということに、アーレントは深い意義を見い出していました。『人間の条件』のなかで、彼女は次のように述べています。[3]

「人々が行ない、知り、経験するものはなんであれ、それについて語られるかぎりにおいて有意味である。確かに言論を越えた真理も存在しよう。……しかし、この世界に住み、複数者の中で〈活動〉する存在である人間が、経験を有意味なものにできるのは、ただ彼らが相互に語り合い、相互に意味づけているからにほかならないのである」

ここで大事なのは、アーレントが、この世界に何がどのように存在しているかという事実について問うことと、そもそもそれが存在していることにはどんな意味があるのかを問うこととを区別していることです。前者は、事物が実際にどうであるかによって答えが定まる真理の問いであり、人間を超えた客観的な世界の側に根拠がある問いです。これに対して、意味についての問いは、人と人が語り合う空間に生まれ、語り合いがなければ失われてしまうものについての問いです。

では、そのように語り合い、議論すること、物事の「意味」を考えることをやめてしまうとどうなるのでしょうか。アーレントの言葉を再び引いてみます。

「技術知（know-how）という現代的意味での知識と思考とが永遠に分離してしまうなら、私たちは機械の奴隷というよりは技術知の救いがたき奴隷となって、それがどんなに恐るべきものだったとしても、技術的に可能なあらゆるからくりに翻弄される思考なき被造物となってしまうであろう」

そうならないようにするには、科学技術について大いに語り合わねばなりません。それが、先ほどいった、多様な人々が関わる公共圏としての対話の場をあちこちつくるということです。

というわけで、ここからはみなさん自身に語り合っていただきたいと思います。設問は二種類ありまして、どちらかにするか、グループで選んでください。

問題A 人の遺伝子操作はどこまで許されるか？

①遺伝子検査によって受精卵を選択する。遺伝的なスクリーニング。
②病気予防のために遺伝子操作をする。（最近であれば、ゲノム編集という技術を使うことでかなり正確にできるようになってきています。二〇一五年に中国ではヒトの受精卵をゲノム編集しました。）
③病気治療のために遺伝子操作をする。
④エンハンスメント。身体的、精神的な能力増強のために遺伝子操作をする。（子どもの場合はデザイナーベビーという言い方をしますね。）

問題B 合成生物学はどこまで許されるか？

①実験室内での研究に限定。
②技術的な応用として、微生物まで産業利用してもよい。
③植物まで産業利用してもよい。
④動物まで産業利用してもよい。

たとえば、薬の成分をつくるときには、遺伝子組み換えした微生物を使っています。では、DNAの一部ではなく、DNAの全体を設計して一から組み上げていくことはどこまで許されるのか、という問いです。

今日の議論の目的としては、答えを出すというより、答えを出す手前で、ライフサイエンス、バイオテクノロジーの問題を考えるときには、どんな具体的な問題点や課題を考えないといけないのかを、みなさんのそれぞれの経験や価値観から引き出していただきたいと思います。

（ディスカッション）

平川　まず、問題Aを選んだグループはいますか。

男性A　前回のディスカッション（一三三頁）をふまえて、④はどうしてダメなのかを中心に議論しました。

前回の講義でも出たように、遺伝子操作を行なうという決定は、自分ではなく他の人によるという点が引っかかります。逆にその決定を覆すことができるなら、④が認められるケースになる。生まれる前に遺伝子操作が行なわれて一生そのままではなく、それこそ整形のようにあとから遺伝子を変えられるのであれば、④も認められます。

もう一つ、面白かった意見としては、環境が激変して、人類の進化をつくり出さないと生き延びられない状況だったら、認めてもいいのではないかと。食糧難のとき、あまり食べなくても生きていける人間になれるなら、④に関するとらえ方も変わってくると思います。そうやってハードルを下げていくと、②、③も含めて、どんどん許容ラインが曖昧になっていく。

平川　適応のため、という面白いポイントが出てきました。他のグループはいかがでしょうか。

男性B　③、④について、問題を浮かびあがらせるキーワードは「本能」ではないかと考えました。

人間にはエンハンスメントさせたい、進化したい本能があるのではないか、というのが推進派の意見です。革新派・最左翼になると、本能にはあらがえないとか、人間はこれまでも生物を変えてきているとか、競争の歴史を想起せよとかいう。

私としては、デメリットもあるがメリットのほうが勝るという意見です。考えられる諸問題はすでに人間社会に内在しているものなので、乗り越えていけるだろう、と。

保守派的には、本能は正しくない、信頼できないとの意見がありました。たとえば、いろいろな人間をつくれるのならば、オリンピックはどうするのかとか、差別につながるのではないかとか。貧富の差も激しくなるのではないかという意見が出ました。
平川　スーパー・エンジニアード・ヒューマンのオリンピックが開催されるんでしょうか（笑）。残り二つのグループはどうでしょう。
女性C　圧倒的に意見が出たのは④に対してで、進化の歴史を見ていれば当たり前になってくるのではないかと。AIの進化を想定したら、人間もAIに勝っていく必要があります。
ただ、倫理的に考えたときに、自分が受け入れられるかという問題は残るのではないかとの議論がありました。そもそも①からして、受精卵を選択している時点で、ある意味で遺伝子操作をしてしまっています。①を受け入れることと、④まで行ってしまうかはドラスティックな違いだけれど、いずれにしても受け入れるか受け入れないかの感情的な問題を解決できないのではないでしょうか。
平川　いいかえるとこうでしょうか。世の中一般的にはいろいろ議論できるのだけど、いざ自分の問題として考えると①でさえ迷ってしまう。
女性C　そうですね。最後のほうに出たのは、実際には、②までは非合法でもやってしまっているだろう、ということです。ですが、日本人だったら受け入れられても、アメリカや中東の唯神論者には受け入れられるかどうかという問題があります。
平川　判断基準そのものがいろいろありそうです。では、最後のグループの方、どうぞ。

男性D　私たちのグループの特徴としては、全部ダメという意見と、全部いいという意見まで、幅広く出ました。特に議論になったのが、③と④の境目で、エンハンスメントによって得る価値とはなんだろう、という点です。経済的な価値なのか、肉体的、精神的な価値なのか——「価値」というフレームで議論しました。そのなかで、人間が画一的になり、多様性がなくなってしまうのではないかという意見や、経済的な不平等に応じて得られるものが変わってしまうという意見が出ました。

最後に、遺伝子操作以外の最新の治療法と遺伝子操作の違いについて議論しました。いってみれば技術の善悪の問題です。たとえば美容整形はよくて、なぜ遺伝子操作はダメなのか。次回は資本主義がテーマですけれど、個人的な予想として、現時点においては資本の論理、要はもうかるかもうからないかで世界が動くのではないかと考えています。

平川　マーケットの動きというのはかなり大きいと思いますね。

では、今度は問題Bを選んだグループに聞きましょうか。

男性E　問題Aと問題Bを比較しますと、Aはとどのつまりは自分たち人間に関することで、BがAと違うのは、人間から見て自分の「外」を問題にしている点ではないかと思います。そこで、人間に対する利害という観点でBについて見ていき、ある対象に対して行なったことが人間にどういう影響を与えるのかを考えました。

そうすると、利害といっても「害」のほうしか出てきませんでした。リスクの程度としては、倫理的にためらわれるという程度のものから、物理的に人類が滅亡してしまうのではないかという意見まで幅広く出ました。

男性F ④について、マラリアを根絶するための蚊をつくって放つのはOKだけど、ブタだといやなのはなぜだろうという話をしました。また、小さな国が④のようなことをやると、国際社会でいじめられてポシャってしまうけれど、大国がやると容認されそうな気がします。

女性G 人間の基準ではありますが、心や感情をそこに感じるかどうかという観点で議論しました。③の植物や④の動物が迷いどころですが、感情を認めるならやってはいけなくて、感情を認めないならやってよいのではないかと。

男性H ③や④を、人間の生存に役立たせる方法について話しました。たとえば、火星をテラフォーミング（地球化）するために、火星の大気中に存在する物質を取り入れ、かわりに酸素を吐き出してくれる植物をつくる。そのときの懸念は、いままで自然界に存在していた植物や動物と違うものを、どんなふうに人々にわからせるかです。見た目はまったく同じでも中身は全然違う植物をつくることが可能になりますから。

平川 識別できるかできないかはたいへん重要な点です。実際、ゲノム編集をした遺伝子組み換え作物が普通の作物と区別ができないものを規制の対象にするかどうかが、世界各国で議論されるようになってきています。

岡本　最後に、私からも質問させてください。価値中立性と社会構成主義は、対立項として考えるしかないのでしょうか？　というのも、都合のいいところだけ社会構成主義的な話をするような議論がよくあって、でも全部には対応できないよね、と思ったりするわけです。このあたりの問題は、技術論ではどう考えるんでしょうか。

平川　現在われわれの分野でよくいわれるのは、「**共‐生成**」という考え方です。これは、価値中立性か社会的構成かという二項対立的な見方自体を退け、現実の科学技術と社会の相互作用を記述するために、どちらの要素も適宜使っていくという方法論的な観点に立っています。

つまり、技術が社会を決めるのでも、社会が技術を決めるのでもなく、科学や技術にかかわることと、社会の側は一枚の布の縦糸と横糸のように分かちがたく連動しあっている。そのなかでは、政治や経済、社会の価値観や利害から相対的に遠く、「価値中立的」といえる部分もあれば、どっぷり社会に浸っている部分もある。純粋な価値中立的な研究自体が、ある種の政治経済的な条件のもとで可能になっているという面もあります。

さらに自然物と人工物の境目もぼやけてきています。特にバイオサイエンスの場合には、ゲノム編集からさらにその先の合成生物学の研究が進んでいます。遺伝子自体を人間が設計して、人工的に合成する技術の実用化がすでに始まっていますよね。

これに関連して、面白い本があります。カウシック・S・ラジャン*というインド系アメリカ人研究者が書いた『バイオ・キャピタル——ポストゲノム時代の資本主義』です。[4]

生物学はもともと、一九世紀には博物学と呼ばれていたように、「この世界にはどんな生き物がいるのか」を調べていき、体系化していく学問でした。それが第二次世界大戦後、分子生物学が成り立ち、さらに七〇年代初頭には遺伝子組み換え技術が生み出されることによって、「観察する、調べる」学問から、細かく分析し、分析にもとづく知識を用いて「操作する、利用する」学問、つまりはテクノロジーに直結する学問に変わっていきました。

さらにこの間、アメリカではベンチャー資本家が登場したり、国の政策として「がん征圧宣言」が打ち出され、がん克服のための研究費が国から膨大に出たりということがありました。こうした社会的な出来事や要因が相まって、技術が実際に利用され、期待を生み、ますます多くの投資がバイオサイエンスに集まりました。

さらに、九〇年代になると生命科学自体が情報科学と結合していきます。医療分野での「ビッグデータ」として、みなさんのカルテのデータと遺伝情報とがひもづけさ

カウシック・S・ラジャン
（1974-）
アメリカの科学者。シカゴ大学人類学部准教授。専門はゲノム情報科学。

れて、遺伝子の働きがいまどんどん明らかになっています。

　そのような生命の情報や知識、技術が、利益を生み出す資本の一部になっている。資本主義経済もそのようにバイオサイエンスが深く浸透したものに変容している。ラジャンはそれを「**バイオ・キャピタル（生‐資本）**」という概念で示し、資本主義の新しい段階としています。

　今日のバイオサイエンスの話題と、次回の資本主義の話題とをつなぐ議論なので、興味があるみなさんはぜひ読んでいただきたい一冊です。

岡本　ありがとうございます。もう一つ、公共性についてお伺いします。熟議したあと、最終的にどうやって結論に落としこむのか。意見がいっぱい出てきたところでうまくいかないことは、山ほどあります。単純な多数決ではないとすれば、どのように考えたらよろしいでしょうか。

平川　われわれの社会は基本的に代表制民主主義なので、そこにどうつなげるかの話だと思います。最後は、政治的な代表、つまり議会での、妥協や同床異夢も含めた合意形成なり多数決なりで決めることになる。ただ、そのときに**よりよい判断材料の下で判断が行なわれるように、考えるための判断材料をまんべんなく出しておく**ことが熟議の役割として大切なのだと思います。

　いろいろな立場の人が参加する包摂的な議論によって、何がそもそも問題なのかを洗い出したうえで、その先は専門家や政治的な代表が決めるプロセスに乗せていく。そして、そうやって決定が下されたあとは、その内容が本当に妥当なものかどうかを検証し、次のよりマシな決定に役立てられるようにする。そうした反省的なプロセスでも熟議は大きな役割を果たすはずです。参加型民主主義か代表制民主主義かではなく、当たり前のことではありますが、代表制と参加型の合わせ技でやらざるを得ないのではないかなと考えています。

BOOK GUIDE

バイオサイエンスについて理解を深めるためのブックガイド

バイオサイエンスの歴史と現状を知るために

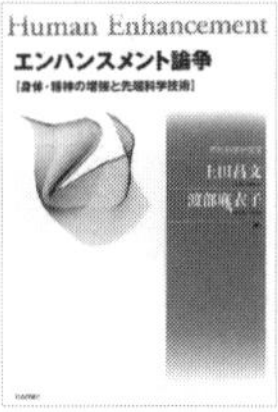

『エンハンスメント論争
―身体・精神の増強と先端科学技術』
上田昌文・渡部麻衣子編　2008　社会評論社

人間の身体や精神を、生命科学や先端技術によって、どこまで改造できるのか？　国内外の研究者の論文を集めているので、これを読むと論争の状況が一望できる。

『人間の終焉
―テクノロジーは、もう充分だ！』
ビル・マッキベン
山下篤子訳　2005　河出書房新社　販元品切れ中

科学ジャーナリストのマッキベンによるバイオテクノロジー（BT）論。進行中のテクノロジーをわかりやすく解説しているが、立場は保守的である。

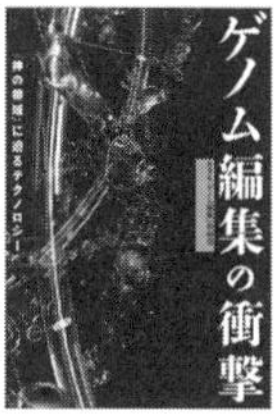

『ゲノム編集の衝撃
―「神の領域」に迫るテクノロジー』
NHK「ゲノム編集」取材班　2016　NHK 出版

最近注目されている「クリスパー」「CRISPR/Cas9」と呼ばれるゲノム編集技術を解説している。以前は難しかった遺伝子操作も、現在では容易になった状況を確認しておきたい。

バイオテクノロジーは私たちをどこへ導くか？

『人間の終わり
―バイオテクノロジーはなぜ危険か』
フランシス・フクヤマ
鈴木淑美訳　2002　ダイヤモンド社

政治学者のフクヤマが、21 世紀になって最も危険だとみなす BT について、その帰結を予想しながら強力に批判している。

『それでもヒトは人体を改変する
―遺伝子工学の最前線から』
グレゴリー・ストック
垂水雄二訳　2003　早川書房

フクヤマの本とほぼ同時に出版され、しかもフクヤマの立場と鋭く対立する議論を展開する。科学者であるストックは、人間に対する遺伝子の改変を積極的に推進する。

『複製されるヒト』
リー・M・シルヴァー
東江一紀ほか訳　1998　翔泳社

生物遺伝学の研究者であるシルヴァーは、体細胞クローン羊の誕生に触発されて、SF 調で近未来の人間の状況を鮮やかに描き出す。デザイナーベビー論流行の先駆的著作。

バイオテクノロジーに対する哲学的論争

『完全な人間を目指さなくてもよい理由—遺伝子操作とエンハンスメントの倫理』

マイケル・サンデル
林芳紀・伊吹友秀訳　2010　ナカニシヤ出版

マイケル・サンデルのBT論。人間の遺伝子操作に対する、サンデルらしい保守的な見解を展開している。好みが分かれる。

『アナーキー・国家・ユートピア—国家の正当性とその限界』

ロバート・ノージック
嶋津格訳　1995　木鐸社

政治哲学者のノージックが自らの思想を全面的に展開し、のちにリバタリアニズムの代表的な著作となるもの。このなかの「遺伝子スーパーマーケット」という発想が面白い。

脳科学は何を明らかにするか?

『脳のなかの倫理—脳倫理学序説』

マイケル・S・ガザニガ
梶山あゆみ訳　2006　紀伊國屋書店

脳科学の進展にともなって、脳が倫理的判断をどう下すのか、ホットな話題となっている。この書は、その入門的なテキストである。わかりやすいが、結論は曖昧かも?

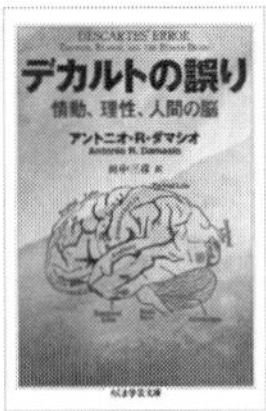

『デカルトの誤り—情動、理性、人間の脳』

アントニオ・R・ダマシオ
田中三彦訳　2010　ちくま学芸文庫

最近の脳科学研究のブームを作ったダマシオの著作。人間の理性や感情が、脳においてどのように働いているか、興味深く物語られている。教養書として読むのがいい。

『モラル・トライブズ（上・下）
—共存の道徳哲学へ』
ジョシュア・グリーン
竹田円訳　2015　岩波書店

グリーンは若手の心理学者で、トロッコ問題を脳科学的に解明して、一躍注目されるようになった。最初の主著であるこの本が翻訳されているが、全体的にはやや退屈。

進　化　論　と　宗　教

『神は妄想である—宗教との決別』
リチャード・ドーキンス
垂水雄二訳　2007　早川書房

遺伝行動学者のドーキンスが、宗教に対して真っ向から批判して、世界的にベストセラーになった本。

『解明される宗教—進化論的アプローチ』
ダニエル・C・デネット
阿部文彦訳　2010　青土社

宗教を人間の自然現象と位置づけ、進化論的アプローチによって宗教の呪縛を解く書物。大部なので、読み通すには覚悟が必要。

『進化は万能である
—人類・テクノロジー・宇宙の未来』
マット・リドレー
大田直子ほか訳　2018　ハヤカワ・ノンフィクション文庫

進化を生物の進化に限定せず、人間社会全体にまで広げて理解する、壮大な進化の一般理論である。現代では、進化論を無視して議論することはできない。

資本主義社会のゆくえ

PART 3

Capitalism

[資 本 主 義 社 会 の ゆ く え]

課 題 図 書

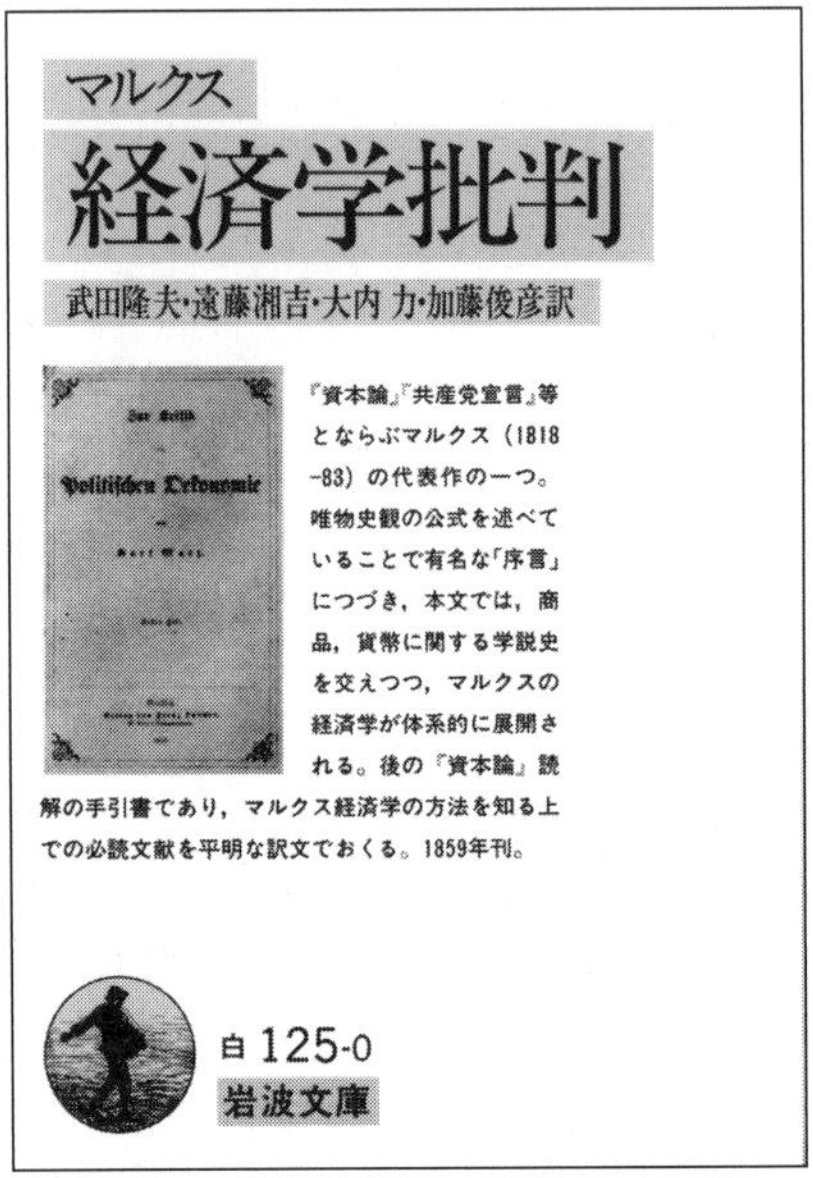
マルクス
経済学批判
武田隆夫・遠藤湘吉・大内 力・加藤俊彦訳
『資本論』『共産党宣言』等とならぶマルクス（1818-83）の代表作の一つ。唯物史観の公式を述べていることで有名な「序言」につづき，本文では，商品，貨幣に関する学説史を交えつつ，マルクスの経済学が体系的に展開される。後の『資本論』読解の手引書であり，マルクス経済学の方法を知る上での必読文献を平明な訳文でおくる。1859年刊。
白 125-0
岩波文庫

『経済学批判』

カール・マルクス

武田隆夫・遠藤湘吉・大内力・加藤俊彦 訳

岩波文庫、1956 年
原書刊行年：1859 年

岡本　この『経済学批判』は、**マルクスの主著『資本論』のもとになったテキスト**だといわれています。もともとの題は「政治経済学の批判」あるいは「政治経済の批判」。「古典派経済学の父」と呼ばれるアダム・スミス*からしてそうですが、当時は経済学が独立しておらず、政治と経済が一体化した形で考えられていました。日本でも早稲田大学では「政治経済学部」が存続していますね。最近では、政治（学）と経済（学）は二つの独立した領域とみなされています。

「批判」という言葉にも着目しておきましょう。日本では批判というと、誰かの悪口をいう、相手を否定する、非難するというイメージが強いですが、**哲学で「批判」というときには、分析して、分類して、それを明確な形で説明するという意味になります。**たとえば、カントの『純粋理性批判』の「批判」もそういう使い方です。政治経済学はいったいどのように成立して、どういうものから成り立っているかを分析して、そのあり方を解明していこうというのが、「政治経済学の批判」です。

マルクスは本書で、使用価値と交換価値という商品の二側面の分析・解明を試みます。そうした価値をそもそもつくり出すのはいったい何かというと、マルクスによれば「労働」です。これを労働価値説といいます。労働こそが価値の実体である、というのがマルクスの基本的な発想。**だからこそ、「価値創造者としての労働者に利益を還元せよ」という形で、社会主義論が出てくる**わけですね。

アダム・スミス
（1723-1790）
イギリスの経済学者、哲学者、神学者。個々人が自由に利益を追求することが、結果として社会全体の富を増大させるという自由放任主義（レッセ・フェール）を唱えた。これを『国富論』で説明する際に用いたのが、有名な「見えざる手」というフレーズ。他の著書に『道徳感情論』など。

特に着目しておきたいのが、「序言」で提示される「唯物史観の公式」です。第2講でご紹介したとおり、歴史の大局的な図式として、「アジア的な原始社会から、ギリシアやローマの古典古代社会、中世の封建社会を経て、近代の資本主義にいたった」という流れを描いています。

マルクスは、資本主義が終わることで人類のこうした「前史」が終わる、と述べます。そして、終わってどうなるかといえば、社会主義、共産主義に向かう。これがマルクスのイメージでした。

本書を課題図書に選んだのは、本当に資本主義から社会主義、共産主義に移行するのか、また本当に人類の前史が終わるのかを、みなさんに考えていただきたかったからです。

現実はどうだったかというと、社会主義は二〇世紀の末近くに全部つぶれてしまって、みんな資本主義に移ってしまいました。中国も社会主義と名乗っていますけど、資本主義にもとづく経済政策をとっています。マルクスの予想とは逆に歴史が動いたんです。

自由を抑圧して、強制収容所のような社会をつくり上げる社会主義や共産主義に魅力を感じないというのは、一般的な感覚だろうと思います。平等が実現するどころか、一党独裁によって新たな不平等が発生する――また、社会主義は経済的に未発達な、豊かになれない社会だともいわれます。そうすると、資本主義から社会主義へというような道は、どうも描けない感じがするわけです。

フランシス・フクヤマ*は『歴史の終わり――歴史の「終点」に立つ最後の人間』で、マルクスの予言が外れたと述べました。[1] これまではマルクスの見立てのように歴史が移り変わっていったのだとしても、資本主義は終わらない、と。（つまりフクヤマは「社会体制が移り変わってきた歴史が終わる」という意味で「歴史の終わり」といっているのであり、「歴史はいまも続いているじゃないか」という批判はあたりません。）

共産主義を目指してきた**スラヴォイ・ジジェク***でさえ、二〇〇八年の世界的な金融危機の直後に出版された『ポストモダンの共産主義――はじめは悲劇として、二度めは笑劇として』では次のように述べています。

「進行中の危機の最大の犠牲者は、資本主義ではなく左派なのかもしれない。またしても世界的に実行可能な代案を示せないことが、誰の目にも明らかになったのだから。……壊滅的な危機においても、資本主義に代わる実効的なものはないということがわかったのである[2]」

フランシス・フクヤマ
（1952‐）
アメリカの国際政治学者。父が日系二世、母が日本人の日系三世。コジェーブ（第2講参照）の影響のもと、西洋の自由民主主義が人類の究極の思想であるとする『歴史の終わり』を一九九二年に発表。他の著書に『人間の終わり』など。

スラヴォイ・ジジェク
（1949‐）
スロヴェニアの哲学者。リュブリアナ大学社会学・哲学研究所上級研究員。ラカン派の精神分析家。ハリウッド映画などのポップカルチャーを題材に現代世界を分析する手つきはきわめて鮮やか。著書に『斜めから見る』『絶望する勇気』など。

ほとんど問題にされなかったのですが、ジジェクがこのようなことをいったのは驚くべきことだと思います。

そして、さまざまな資本主義論があるなかで、ジジェクのいう「資本主義に代わる実効的なもの」を示せる人がいるのかどうか。これが一番の問題です。

たとえば**ヴォルフガング・シュトレーク***は、『資本主義はどう終わるのか』という、そのものずばりの本を二〇一六年に書きました。[3] ですが私は、原書を読んでがっかりしたんです。

彼は一九七〇年代以降の傾向として次の三つを挙げています。第一に、経済成長率が低下していること。第二に、社会の全領域への負債が増大していること。第三に、格差が増大していること。いずれもグラフが示されていて、明らかな事実です。

これらのことを考えると、資本主義は終わりそうだとシュトレークは述べます。ここまではいいんです。しかし、どう終わるのかという、その終わり方と、終わったあとどうなるのかということをシュトレークは示していません。日本でも資本主義の終わりとか、資本主義の危機という議論がたくさんありますが、その後が語られていない。

そう思ったときに、実はその責任はマルクスにあるのではないかと思い始めました。マルクスの盟友**エンゲルス***が「**空想から科学へ**」といったように、マルクス主義では

ヴォルフガング・シュトレーク（1946-）
ドイツの社会学者。一九九五年よりケルンのマックス・プランク研究所（社会研究部門）所長。九九年からはケルン大学教授を兼任している。著書に『時間稼ぎの資本主義』など。

ユートピアを描いてはいけないことになっています。当時は社会主義についてのいろいろなユートピア論があったのですが、マルクスやエンゲルスは、それよりも現実社会の冷静な分析が必要だといいました。ひたすら資本主義を分析して、その崩壊を予言するのが、マルクス主義の特色です。

ですが、彼らの自負は果たしてどれくらい通用するのかというと、疑問符が浮かびます。初等算術で行なわれているマルクスの「経済学」は、科学理論としてはどう考えてもお粗末だと、現代の経済学者のほとんどがいうでしょう。

だから、果たして本当に崩壊するかどうかわかりませんし、さらに気になるのは、崩壊したあと、どのような社会になるのかという点です。**社会主義、共産主義に移行するといいますが、ユートピアを描かなかったがために、そのイメージがどうも貧弱だったような気がするんです。**終わる、終わるといわれても、終わったあとがどうなるかわからないままにというのはちょっと困りますね。

「資本主義は崩壊する」といわれてもう数百年たちますが、どうも終わる気配が見えない。また終わったとして、その次はなんなのか、それもまた見えない。そもそも、資本主義に代わる、もっといい社会があるのかどうか。もう一度、原点に立ち返って考えてみてください。

フリードリヒ・エンゲルス（1820-1895）
ドイツの思想家、革命家。マルクスとともに科学的社会主義を創始した。マルクスとの共著に『ドイツ・イデオロギー』『共産党宣言』がある。単著に『反デューリング論』『家族、私有財産および国家の起源』など。

第6講

ビットコインは国家を揺るがす

「タイタニック」と資本主義

岡本　豪華客船「タイタニック」が、航行中に沈没してしまう——今日はこんな思考実験から始めましょう。**乗客一五〇〇名**が海に投げ出され、彼らは救助を求めます。近くを航行していた船で、救援に向かえる船はわずか一〇隻《せき》しかありません。しかも一隻の定員は五〇名。**定員ギリギリまで乗せても五〇〇名にしかなりません。**もしかしたらあとから来る船もあるかもしれないけれど、ほとんど絶望的という状況。

さて、みなさんが救援隊の隊長だったら、どうしますか？

問題　どんな指示を出す？

①全員を救助できないとしても、できるだけ多くの人を救う。定員をオーバーしてもとにかく乗せて、さらには縁《へり》につかまらせてでも救助を試みる。

②子どもや女性、あるいは老人など、手助けの必要な人から順に、きっちり定員まで乗せる。

③早い者勝ちで乗せて、四三名くらいになったところで早めに打ち切り、その場を

離れる。

あるいは、それ以外の方法もあるでしょうか。

(ディスカッション)

岡本　では発表をお願いします。

男性A　私たちは③を選びました。自分がその場を想像すると、実際はわれ先に飛びこまざるを得ないのではないかと思うからです。いちいち選別している余裕はないのではないでしょうか。

岡本　現実的にはそれ以外に選択の余地はないだろうということですね。われ先にとみんなが殺到するような状況で、子どもや女性から「はい、並んで」と順番に救助できる状況にはなりそうにないと。

他の意見も聞いてみましょうか。

男性B　①を選ぶという結論になりました。助かって帰ったときに社会的にどう見られるかを思うと、他より言い訳が立てやすいといいますか……。

②は、子どもを助けたという点では社会に受け入れられやすいと思うのですが、女

性・老人になってくると賛否両論になるのではないでしょうか。③の場合は、なぜ自分の肉親や恋人を助けなかったのか、と糾弾されそうです。

①の方針でなるべく多くの人を救助して「がんばりました」と説明すると、言い訳しやすいかなと思いました。

岡本　他のグループで、①はさすがにない、という意見は出ましたか？

男性C　①は全員が死ぬリスクが発生しますよね。全体のなかで、あるパーセンテージを確実に生かすという観点で考えるならば③かな、と。一見、非情に見えるけれども、ある割合の人は確実に助かる可能性があります。

これは船の例ですが、国や会社、あるいは地球規模で考えると、全体を重んじる発想がよいのではないかと思いました。

男性D　全員を助ける方法を考えました。船をきれいに並べて、プールをつくります。五〇隻を幾何学的に並べて、そこにみんなで入り、みんなで手をつないで……（笑）。

岡本　なんとかして全員を助ける方法はないかということですね。非常に重要な観点ではありますが、それが可能かどうかが大きな問題ですね。

男性E　私たちは①です。収容できる人数について判断がつく前提であれば、①にしない理由があるでしょうか。安全を確保するならば③ですが、合理的に「この人数まではいける」という判断ができるのであれば、あえて余剰を残す必要はありません。

自分も助かりたいので、可能性が一番ありそうなものに賭けたいです。

岡本　③よりは①のほうが、少しでも助ける人数が増えるんじゃないかということですね。リスクをどこまで計算できるかが問題になります。

男性F　①②③のコンビネーションかなと思いました。混乱している状況で、なるべくパニックを起こさず、たくさんの人を助ける。

まずはわーっと三〇人ほど集めます。残りの二〇人は、軽そうな人から助けます。子どもだったらたとえば三〇キロぐらいの子どもがいるはずなので、大人一人に対して子ども二人を助けられそうです。映画では主人公は亡くなってしまいましたが、男性は基本的に体力があるので、ライフジャケットでなんとか泳いでもらます。

岡本　ある程度臨機応変にということですね。

男性G　くじ引きという手もありますね。

岡本　くじをちゃんと引いてくれればいいですね（笑）。くじを引いて外れた人は、頭を殴ってでも海に投げ捨てる必要が出るかもしれません。どこまで冷静に、どこまで具体的にやれるかという問題でもあります。

希少性という問題

岡本　こういう状況は「**救命艇状況**」と呼ばれ、国家や資源、環境問題などを考えるときの一つの典型的なモデルになっています。資本主義の大前提は、**希少性**です。全員が裕福で満ちたりた生活をすることは基本的にはできません。あぶれてくる人々をどうするのかが問題になります。

先ほどのシチュエーションでいえば、とにかく乗せられるだけ乗せてしまうのか。あるいは八〇キロの男を見捨てて、子どもを三人乗せるという判断もありえます。

いずれにしても、物やサービスを全員が享受できるわけではありません。これは最低限認めなくてはいけない事柄だろうと思います。

マルクスが『資本論』を書いたときも、同じような社会状況がありました。

第2講でお話ししたように、産業革命に対する反動として、「機械を打ち壊せ」というラッダイト運動が起こりました。労働者の立場から考えると、機械の導入によって自分たちが失業してしまうからです。**マルクスはその運動に反対しますが、マルクスに何かよい解決策があったかというと、ないんです。**マルクスは、労働者は一時的には失業させざるを得ないと考えています。

もっと社会が変われば、あるいは機械が導入されて生産力が十分になれば、多くの人がその恩恵を享受できるから、機械の導入には反対するべきではない。マルクスの頭のなかには、こうした考えがあったのだと思います。ですが失業する当人は、それでは納得しないでしょう。

この希少性をどうやって解決するか、どういう形で問題として取り組んでいけるかが、資本主義で一番大きなポイントだと思います。どのような行動原理で、あるいはどのような配分政策を選択したらいいのか。資本主義の問題は、最終的にはこれに尽きます。

そこで、次のような状況を考えてみましょう。

問題 格差は解消すべきか？

Aさん、Bさん、Cさんの三人からなる社会で、獲得する所得が以下の割合だったとします。

（A、B、C）＝（3、2、1）

この状態が変化して次のようになったとしましょう。

①（A、B、C）＝（5、2、1）

つまりAの所得のみが増加した。これは改善だといえるでしょうか。
もし、この状況に政府が介入して、次のように配分し直したらどうでしょう。

②（A、B、C）＝（3、3、2）

この場合、BとCの二人は満足するでしょうが、一番多く稼いでいたAさんは最初の状態から変わりません。はたまた、誰かが多くなるよりも、はじめの状態から総量は変えずに、次のようにするのがよいでしょうか。

③（A、B、C）＝（2、2、2）

どれがベストか、グループで話し合ってみてください。

（ディスカッション）

岡本　いかがでしょうか。

男性H　（A、B、C）＝（4、2、2）だったら納得できるかなという意見が出ました。

ただ、資源が有限なのか無限なのかで変わってくると思います。そもそも無限に富を創造し続けられるのであれば、生産性を上げまくって、富を増やしまくったほうがいい。地球に資源がなくなったら、火星や木星に行ってでも無限に増やし続ければよくて、格差があってもかまわない。

もし資源が有限ならば、分配したほうがいいと思います。

岡本　全体的なパイが有限なのか無限なのかということですね。非常に重要な視点です。どんどん増やしていけるならば個人的な能力に応じて、増やせばいい。では有限だったらどうか。ある程度、限定していかざるを得ないし、今度は人口をどうするかという問題になるかもしれません。

他にありますか。

男性I　①は完全に自由ですよね。前回までの講義でも出ているように、自由は一見正しそうですが、必ずしも幸せになるかというと、そうでもありません。ある程度の縛りはあったほうがいいという意味で、②にして、格差がなくなるようにするべきと考えました。

幸福学の話でいうと、年収が八〇〇万円以上になると、収入が増えても幸福度が上がらない。それなら分配して社会保障にしたほうが、多くの人が喜ぶのではないでしょうか。結局、人は他人と比較することで幸せかどうかを判断しているからです。ただ、総量は上がったほうが望ましいので、③はないなという議論になりました。

岡本　①の考えはリバタリアン、自由尊重主義の立場です。自分で稼いだものは全部自分のもの。もし、なんらかの形で個人の所得を分配するにしても、その人の自由な意思による施しとして行なう場合のみ認める、という考え方をとります。

Iさんのご意見は、そうではなく、ある程度は政府の介入があったほうがいいというものでした。

①から③のどれにもくみしないという方はいますか？

男性J　努力が認められないと、結局は全体の所得が減るのではないかと思います。（A、B、C）＝（4、2、2）というように分配したほうが、全体の幸福は増すのかなと。

岡本　5稼いだのに4になったら、「なんだこれぐらいか」とならないですか？

男性J　1減ったぐらいならまだ許容できるかなと思います。かつ、Bさんも、がんばれば努力が認められるのが見て取れるので、希望が持てる。

岡本　わかりました。他のご意見はありますか。

男性K　前提そのものに疑問を持ちました。経済学に詳しいわけではないのですが、そもそもAさんだけ所得が増えることがあるのでしょうか。現実世界では、安い労働力があるから、たとえばこの筆箱を一〇〇円で買うことができるわけですよね。

富の総量がもし一定であるとしたら、Aが5になると、BとCの富は減っているはずではないでしょうか。

岡本　個々人の所得はまったく無関係ではありえないということですね。

男性K　はい。だとしたら、Aさんがもうかる状態を続けていくと、搾取する相手がいなくなってしまうので、Aさんの所得もどこかで上昇が止まってしまうのではないかと考えました。

岡本　問いの前提そのものがおかしいのではないか、と。ではあえて、この前提が成立すると仮定してみてください。たとえば共同体の外部に進出することで、内部の人たちには影響を与えずにAさんの所得のみが増えたのならばどうでしょうか。

男性K　そうであれば、個人的には①にします。

岡本　なるほど、ありがとうございます。

男性L　私は二つの点で、格差は解消すべきでないと思っています。

一つには幸福という視点で見たときに、Aさんが5を、Cさんが1をもらっていたとしても、AさんにはAさんの幸福があって不幸があるわけです。Cさんにも、貧乏人の幸福や不幸があると思うんです。

だから、最初の状態の（A、B、C）＝（3、2、1）であっても、①の（A、B、C）＝（5、2、1）であっても、それぞれの幸福があって不幸がある以上は、差を気にする必要はないように思います。

また、①ではAさんだけ増えていますが、所得が増えることを、社会に対して価値を提供することと仮定した場合は、社会全体のサービスであるとか、インフラのレベルも上がっていると見るべきでしょう。

たとえば中世より確実に格差が広がっているはずですが、昔よりいまのほうが貧乏人にとっても生きやすい社会になっているはずなんですね。「生きやすい」の定義が難しいですが、長生きはできるし、食べるものはある。低収入でもおそらくスマホぐらいは買えるし、インターネットは見られる。Aさんの所得のみが増えたとしても、他の人間も幸せになっているのではないかと考えました。

岡本　最低ラインがそもそも上がっていて十分に生活していけているのであれば、Aさんの所得が上がったからといって問題になるような話ではないと。そこに他人が介入するのはありえないという見方ですね。

他にはいかがでしょう？

男性M　私たちのグループでは①と②で意見が分かれましたが、私個人としては②を推します。所得を機会への投資ができることと仮定すると、①の社会では所得1のCさんはなかなか所得5の立場になるチャンスがありません。なかなか身分を変えられない。次の世代を考えたときに、所得1の人はずっと1のままです。

それに対して②は、分配することによって、Cさんがもしかしたら A さんの立場になれるかもしれないという、希望が持てる社会かなと。

三分の一の人が希望が持てない社会が①であるとすると、②のほうが社会全体としては明るいのではないかと考えました。

岡本　ありがとうございます。

「私の勝手」VS.パターナリズム

岡本　これは、経済活動において自由をどこまで認めるか、という問題です。ここで、「自由」という概念について掘り下げてみましょう。

一口に自由といっても、哲学的にはいろいろな意味があるので、誰が唱えている「自由」を考えるのかがポイントになります。

ミル*の『自由論』が、一番古典的なものでしょう。[1] おそらく日本でも、自由の概念はミルの考えに一番近いだろうと思います。**ミルの自由論は小学生や中学生でも必ず**

ジョン・スチュアート・ミル（1806-1873）
イギリスの哲学者、経済学者、社会学者。ベンサム流の功利主義に質的な視点を導入したその思想は、「満足な豚より不満足なソクラテス」のフレーズで知られる（著書『功利主義』からとられた言葉）。

知っている考え方です。世界的にも、ここ二〇〇年ほど主要な学説になっています。

正式には「**他者危害則**」といい、俗名は「**自己決定原則**」です。他人に危害を与えない限り何をしてもいい。日本風にいいかえると、他人に迷惑をかけなければ何をしてもいいけれど、他人に危害を加えることは許されない。他者に危害を与えるか与えないかで、自由が許されるかどうかが決まるというのが、ミルの自由論の基本です。

たとえば女性が奇抜なメイクをしたからといって、それが他人に危害を加えるのかどうか。「こんなことをしたら人に笑われる」とか「趣味が悪い」といわれるのは、彼女自身がそれをどうとらえるかの問題です。その人自身の不利益になる行ないは容認するのがミルの考え方で、他人に対して危害を与えることは基本的には許されないけれど、自己危害については放置します。

こうした姿勢を「**パターナリズム**（**父権的温情主義**）を禁止する」といいます。

もともと「パター」が語源的に「お父さん」からくるので、お父さんのように子どもを守り、おせっかいを焼くのがパターナリズムの基本です。

ミルの考え方は、「**他人に迷惑をかけなければ私の勝手でしょ**」というものですが、その「私の勝手」に対して、いやいやそんなことをするとあなたが困るよ、それはあなたのためにならないですよとやめさせるのがパターナリズムです。日本ではパターナリズムが多く見られるといわれます。

「おせっかいはやめて」と主張することは、「愚行権」という言い方をします。愚かな行ないも、それは私の問題であって、他人がとやかくいうことではない、ということです。

美容整形と売買春の自由論

岡本　ミルの自由論の他に有名なのは、同じイギリスの思想家、**ジョン・ロック***の自由論です。彼は二つの自由論を説きました。[2]

一つめは**身体自由論**。私の身体は私のものであって、それをどうしようと私の自由であるという考えです。

二つめは**労働自由論**といい、私が労働によって得たものは私のものであり、それをどうしようと私の自由であるというものです。「自分で働いたお金をどのように使っても私の自由」という感覚は、みなさんお持ちではないでしょうか。

身体自由論と労働自由論を合わせると、「**私の身体を使って働いて得たものは私の自由**」となります。これは正しいと思いますか、間違っていると思いますか？

たとえば美容整形を考えてみましょう。最近では日本でもかなり受け入れられてきました。「本人が望むのであれば反対する理由はない」と考えるのであれば、自己決

ジョン・ロック（1632-1704）
イギリスの哲学者。自由主義的な政治思想はアメリカ独立宣言やフランス人権宣言に大きな影響を与えた。著書に『人間知性論』『市民政府論』など。

定原則だからミルの自由論です。「自分の身体をどうしようとそれは本人の勝手」と考えるのはロックの自由論です。

あるいは、「美容整形で本人の心が明るくなるのならばやったらいい」という考え方もありえます。これは誰の考えでもないですが、ポジティブ思考というべきでしょうか（笑）。

「人は見た目が一〇割」という考え方もあります。いうなれば、**ニーチェ**の考えです。ニーチェは弱者の**ルサンチマン（逆恨み、嫉妬）**を批判するのですが、「人間顔より心が大切」という世間の道徳は、「顔」で勝負できない弱者のルサンチマンに聞こえます。

ミル、ロック、ニーチェまで並べると、なかなか崩せそうにないですね。

ここで、次の問題を考えてみましょう。

問題 **組織的な暴力に関与しないような、本人の意志にもとづく「パパ活*」や売買春は禁止すべきか？**

①本人がよければ、別に禁止する必要はない。
②社会的な制度として、認めることはできない。

パパ活
女性が食事やデートを通じて男性から経済的な援助を受けること。実態はともかく、肉体関係をともなわない点で援助交際などと区別されることが多い。

③積極的に容認する方向で、安全な制度を考える。

先ほどの自由の原則を頭に入れながら、これについてどう考えたらいいのかを議論していただけますか。

（ディスカッション）

岡本　それでは、発表をどうぞ。

男性O　まず、本人の意志だけにもとづいて許可する①は、性感染症についての知識が完全でないまま性交渉に及ぶリスクがあります。お金がほしいからとりあえずやってみてあとで大変なことになる事態を防ぐ必要があるのではないでしょうか。

一方で、そういうことを一切合財禁止してしまうと、特に男性にストレスがたまり、社会的なひずみが生じてしまうのではないかという意見も出ました。歌舞伎町や六本木がなくなるとどうなるだろうと想像すると、一概には否定できません。

結果的に、③なのかなと。

男性P　前回のバイオサイエンスの話に立ち返ると、遺伝子操作を認めたくない理由の一つとして、自分が考える社会のあり方が侵されるという恐れが挙がりました。今回も、同様の感情が大前提にあるのだと思います。

ですが、これは結局、たとえばトランプ大統領がゲイを毛嫌いするのと変わらないスタンスという気がします。積極的に促進する③は行き過ぎとしても、①がいう、禁止する必要はないという点については、個人的には同意せざるを得ません。

岡本 他人の自由に対してどのように、どこまで関わるのかは、非常に大きな問題ですね。

逆に、積極的に禁止すべきというご意見はありますか？

女性Q 個人といっても、完全に独立した存在ではありません。社会のなかの個人であって、他者と切り離すことはできませんから。したがって、ある程度禁止をしたほうがいいと思います。

岡本 「何をしようと個人の自由ではないか」という主張に対して、そもそも個人とは一人だけで成立するものなのかと問うわけですね。マイケル・サンデルの立場がこれにあたります。

労働の商品価値

岡本 この問題は非常に単純そうに見えますが、他人の行為を禁止するときに、どんな根拠にもとづいているのか、そもそも根拠などあるのだろうかと考え始めると、なかなか答えが出しづらかったのではないでしょうか。

自由に商品を売買する社会が資本主義の大前提です。Aさんが商品を、Bさんがお金を持っていて、商品とお金を交換する。このとき「いくらで売れ」と暴力的に強制するとか、地位や身分で値段を設定するのではなく、対等の立場で、両者が合意した場合に交換が成立する。これが資本主義の最も基本的な原則です。

一方が売りたいと思っていても、買う人がいなければ安くなってしまいます。あるいは、積極的に売りたくなくても、高値で売れれば仕方なく手放してしまうかもしれません。市場がどう判断するのかは非常に重要です。

マルクスは人間の身体を労働力という形で商品化し、概念化しました。商品所有者は、商品を売ってお金を得る。では、商品を持っていない人はどうするかというと、自分の身体によって商品をつくる能力が商品である、というのです。「**労働力商品**」とマルクスは呼んでいます。

賃金は労働力という商品の対価だし、それをいくらで評価するかは、その人が持っている能力によって変わってくる。たとえばお医者さんは商品価値が高い、マクドナルドのアルバイトはそれと比べて専門的な能力はいらないので賃金は安い、というように。社会的なニーズ、商品の付加価値の違いが、賃金に反映されます。

売買春は、こうした資本主義の原則にもとづいています。ロックの身体自由論にも基本的に合致しているし、ミルの他者危害則にも合致している。ならば、これを否定する根拠はあるのでしょうか。

売買春は「被害者のいない犯罪」といわれます。他人から奴隷のように強制される売春は論外として、身体を売る側と買う側の自由な合意のもとで、資本主義の大原則にのっとり成立した売春においては、いったい誰が被害者なのか。

マルクス主義的にいえば、「**結婚は合法化された売春**」[3]です。制度化されれば結婚、制度化されないと売春ということになるのかもしれません。

このように、犯罪とみなされるような行為に関してであっても、資本主義の原則のもとで考えた場合、自由を否定する理由を見つけるのはとても難しいのです。

貨幣論の新展開

岡本　最近、貨幣論が流行しています。フェリックス・マーティン『21世紀の貨幣論』[4]、カビール・セガール『貨幣の「新」世界史――ハンムラビ法典からビットコインまで』[5]、デヴィッド・グレーバー『負債論――貨幣と暴力の5000年』[6]*など、いろいろな本が出ています。いままでの経済学では貨幣はあまり注目されてこなかった

『負債論』
二〇一八年五月二日、サッカー選手の本田圭佑がツイッターで「お気に入りの本」とつぶやいたことでも話題になった。

ので、これは大きな変化といえます。しかも、いずれも経済学の枠組みにとらわれず、文明史的な視点から貨幣を問題にするという特徴があります。

　これには、**ビットコイン*****などの仮想通貨***が流通し始めていることが、おそらく深く関係しています。このことを理解するために、貨幣論の二つの系譜を見てみましょう（岩井《いわい》克人《かつひと》さんの『貨幣論』参照）[7]。

　まず、アダム・スミスやロックが唱えた貨幣論の系譜があります。これを**貨幣商品説**といいます。貨幣商品説は、次の二つを前提としています。①貨幣以前に物々交換がまずあって、その次に交換の手段として貨幣が出てくること、そして、②金や銀といった金属が卓越した商品（貨幣商品）となることです。

　ところが現代では、この前提がもはや崩れているんです。

　①に関しては、「物々交換から貨幣へという事例は歴史上存在しないし、そもそもの話、物々交換を歴史上に見い出すことはできない」という反論が近年出てきています。②に関しては、現在は金と交換できないような紙幣やプラスティック（キャッシュカードやクレジットカード）、あるいは電子情報が貨幣として取り扱われるようになっていますよね。

　貨幣とは元来、「モノ」であり、金や銀、そうしたモノこそがまさに貨幣の本質であるとの前提のもとに、マルクスも議論しています。しかし、そういったモノとして

ビットコイン
二〇〇九年に運用が開始された仮想通貨。サトシ・ナカモトを名乗る人物による論文に基づくプログラムで管理されている。

仮想通貨
硬貨や紙幣のような現物をもたず、電子データのみでやりとりされる通貨。中央銀行などの公的な発行主体や管理者は存在しない。ビットコインのほか、イーサリアムやリップルなど。

の貨幣が終わって、情報として、目に見えないような形で貨幣が考えられるようになってきています。その果てに出てきたのがビットコインです。私たちは貨幣商品という発想が終わりつつある、歴史的な転換点に立っているのかもしれません。

図15　貨幣論の２つの系譜

	貨幣の価値の源泉	主な提唱者
貨幣商品説	モノ自体	アダム・スミス、カール・マルクス
貨幣法制説	申し合わせや権力	プラトン、アリストテレス

アリストテレスとビットコイン

岡本　現在むしろ注目すべきは、貨幣商品説とは別の系譜の貨幣論――プラトンやアリストテレスが唱えた**貨幣法制説**です。

貨幣法制説は、均等ではなく異なっているモノを交換するのはそもそも不可能である、という考え方をします（交換の不可能性）。にもかかわらず、貨幣によって、これはいくらと値段をつける。通約的に交換しなくてはならないからです（交換の可能性）。

交換の不可能性と、交換の可能性という、この二つの矛盾する出来事をどうやって解決するか。アリストテレスの論点はここにあります。彼は次のように解釈しました。共同体は、あるものを

「貨幣」として使うことを「**申し合わせる**」のだ、と。
逆にいうと、「申し合わせ」さえあれば何が貨幣であってもよいということになります。別に金属じゃなくてもかまわない。だからこそ、紙や電子情報が、貨幣として流通できるのです。

これは面白い現象です。ビットコインを取り扱う銀行もたくさん出てきましたが、仮想通貨を貨幣とする申し合わせが最初にあって、この申し合わせを承認する人々の間でのみ貨幣として通用します。承認しない人々にとっては通用しない。

誰が誰に送金したという基本的な決済のシステムこそが、ビットコインの実体です。どこにお金があるかというと、紙幣のような形ではどこにも存在しません。これはアリストテレスによる貨幣の定義とぴったり合うのではないかといわれます。

原価一九円の紙きれが一万円になる仕組み

岡本　哲学的にはこれについて、**ジョン・サール**[*]が「**地位機能**」という概念を使って説明しています。[8] 申し合わせが私たちの行動や考えを規定する——貨幣に限らず、言語や法律、宗教、家族関係など、社会的な制度はすべて申し合わせによってはじめて成立するのだ、と。ポイントは、「CというでXをYとみなす」という言い方で

ジョン・R・サール（1932-）
アメリカの哲学者。カリフォルニア大学バークレー校教授。専門は言語哲学および心の哲学。AIの限界を示唆する思考実験「中国語の部屋」の提唱者としても知られる。著書に『行為と合理性』『MiND 心の哲学』など。

す。

（原価一九円の）紙片（X）が一万円（Y）とみなされるのは、日本の通貨制度（C）があり、日本政府の信認があるためです。お店に行って一万円を出して、相手がそれを受け取ってお釣りをくれるときには、申し合わせが双方にとって大前提になっています。通貨制度がなかったら、一万円を出しても誰も受け取ってくれません。口に出さずとも、暗黙の制度として成立しているわけです。

家族関係にしてもそうですよね。男が家に上がってきたとして、この男を主人とみなすという地位機能が成立している限りにおいて、何の不思議もない。**全然見知らぬ人が家に上がってきたら、いったいこいつは何者だと大問題になります。**

そうした「みなし」を全員が承認していることを、サールは「**集団的志向性**」という言葉で表現します。集団的志向性が消えてしまうと、申し合わせは無効になります。日本政府が信用できなくなれば、紙幣を出したときには誰も受け取りません。

国家が機能しなくなったときには、財産をなくしてしまうことも起こりえるわけです。それは宗教であれブランド物であれ、人間関係であれ、国家そのものであれ、同じことです。

「国家の終わり」が始まった？

岡本　では、ビットコインのように、うしろだてとしての国家が存在しなくても通用する貨幣が出てきたとき、国家はいったいどうなるのでしょうか。

思想家のルチアーノ・フロリディ*は、**「情報圏（infosphere）」**という概念を提唱しています。[9] IoT*（モノのインターネット）やAIをはじめとする新しいICT（情報通信技術）が、私たちの生きる現実を「情報圏」として大きくつくり変えつつあるというのです（以下の議論はフロリディ『第四の革命――情報圏《インフォスフィア》が現実をつくりかえる』参照）。

いま、ICTにお金がつぎこまれています。

二〇一〇年の世界の軍事費は一兆七四〇〇億ドル。対して、二〇一〇年のICTに費やされる総計はだいたい八兆ドル。**軍事費よりもICTにお金をかける方向へと、社会が変化しています。**

これは非常に大きな問題だと思います。情報圏の規模が国家の軍事よりも大きくなりつつあるからです。これまで主権国家は、単一の情報エージェントとして、人口や経済、軍事など、さまざまなものをそのなかに絡めとってきました。**しかしいま、情報化社会というマルチエージェントシステムが立ち現れてきていて、主権国家はそのなかの一つのエージェントになりさがる可能性も考えられます**（図16）。

ルチアーノ・フロリディ（1964-）
イタリア出身の思想家。オックスフォード大学セント・クロス・カレッジのフェロー。専門は情報倫理学。著書に『第四の革命』など。

IoT
Internet of Things。あらゆるモノがインターネットに接続され、相互に制御を行なう仕組みのこと。

図 16

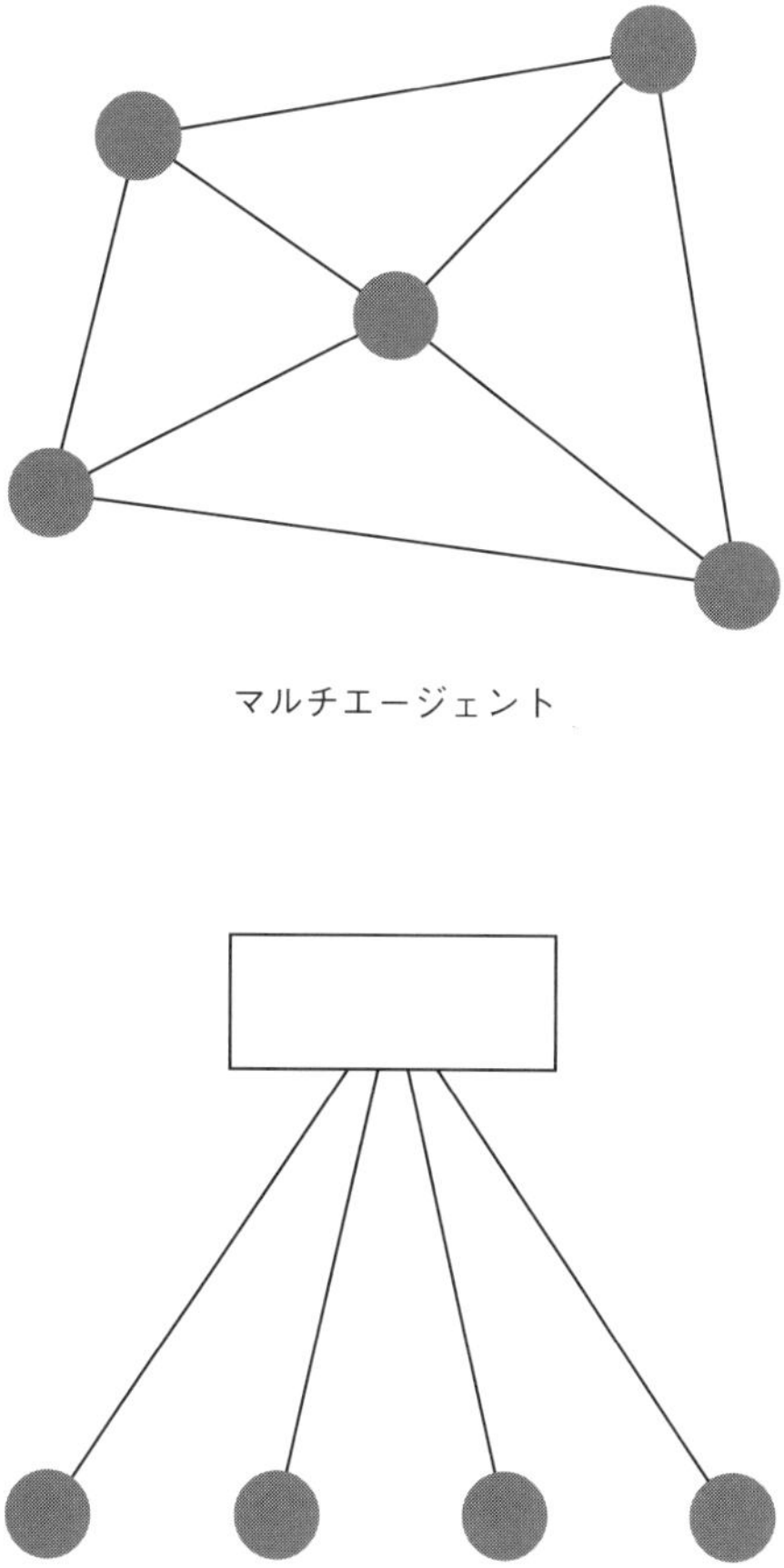

マルチエージェント

中央集権

国家の年間GDPと企業の年間売上を比べてみましょう。二〇〇〇年の時点で、世界の最も大きな経済主体のトップ一〇〇のうち、国家はいくつぐらい入っていると思いますか?

答えは、企業が五一で、国家はわずか四九。つまり経済面から見て、国家を超える企業は数多く存在していることになります。

国家が一番トップにあり、そのなかに企業が置かれ、国民がいるというのが、従来の国家のイメージでした。ですが実は国家も一つのエージェントにすぎず、企業もまた国家と並び立つエージェントである、と見なすことができます。

〈帝国〉としての巨大テック企業

岡本　そうなると、企業と国家の関係がいままでとは変わり始めるかもしれません。マイクロソフトやグーグル、フェイスブック、アップルなどの企業を、それぞれ一つの国として考えてみましょう。利用者はその国の住民ですね。その数は、一国家の人口をはるかに超えています。そして**企業はその「住民」たちの情報を、ビッグデータとして掌握しています。**日本国家よりもグーグルのほうがたくさんの人たちの情報を握っている。

ネグリ*とハート*は二〇〇〇年に発表した『〈帝国〉――グローバル化の世界秩序とマルチチュードの可能性』において、グローバリゼーションの行きつく果てとして〈帝国〉を構想しました。[10] 当時は具体的なイメージがはっきりしませんでしたが、**経済的にも情報的にも国家の境界を越えていく現在の巨大テック企業こそ、まさに領土を持たない〈帝国〉なのかもしれません。**

近代的な発想では、存在とは、手にとれること、見えること、ありありと感じることでした。お金といえば、金や銀のように、手にとって重たく、きらきら光り、装飾品にもなりうるものでできていました。――一八世紀のイギリスの哲学者バークリー*は、「存在するとは知覚されること」であると述べています。[11]

それがいまや、「**存在するとはインタラクト（相互作用）可能であること**」になりました。そして、互いに作用しあうエージェントのなかでも実体を持たない情報というエージェントが非常に大きくなり、国家をも超えつつあります。

ビットコインをはじめとする仮想通貨も、一つの情報エージェントと考えることができます。国家はそれらと並立する一エージェントとして、今後は縮小していくのかもしれません。

アントニオ・ネグリ
（1933-）
イタリアの哲学者、政治活動家。スピノザやマルクスの研究で知られる。単著に『構成的権力』など。

マイケル・ハート
（1960-）
アメリカの哲学者、比較文学者。ネグリの弟子。単著に『ドゥルーズの哲学』がある。

ジョージ・バークリー
（1685-1753）
イギリスの哲学者、聖職者。人間が知覚できるのは現象のみとする観念論を提唱し、物質の実在性を否定した。著書に『人知原理論』『視覚新論』など。

第7講

「資本主義とは何か」とは何か

ゲスト講師：稲葉振一郎
（明治学院大学教授）

ゲスト講師プロフィール

稲葉振一郎（いなば・しんいちろう）

1963年生まれ。明治学院大学社会学部教授。東京大学大学院経済学研究科博士課程単位取得退学。岡山大学経済学部助教授、明治学院大学社会学部助教授等を経て現職。専門は社会哲学。著書に『経済学という教養』『不平等との闘い』『政治の理論』『「新自由主義」の妖怪』など多数。

稲葉　「資本主義とは何か」という話をするときに、みなさんが期待されるのはまずは経済の話でしょう。では、社会にとって経済とは何か。

日々の暮らしのなかで、われわれは経済的なことにばかり頭を悩ませているような気がします。働いて収入を得て、その収入でもって生きていくというのがまさに経済活動です。けれどもその一方で、複雑怪奇な世界・イメージが強く浮かびあがります。世界経済のレベルでの、特に二〇世紀以降の金融の世界というのは、いかにも面妖《めんよう》でわけがわからない。

つまり経済とは、**われわれにとっての日常そのものであると同時に、なんだかとてもわけがわからないもののようでもあります。**

二〇世紀後半に入ってからの資本主義はグローバルなものになりました。世界中がそれに巻きこまれています。人間の社会そのものが、資本主義に飲みこまれています。その一方で、資本主義は、同じ人間たちの間に、不平等を生み出す仕組みです。それはどんどん経済成長を続けて豊かさを生む仕組みであり、豊かな者はどんどん豊かになっていくけれど、貧しいものはなかなか豊かになれない。そういう両義性がありま す。**社会をどんどん豊かにする仕組み、生産力をどんどん上げていく仕組みであるのだけど、そのなかで格差も拡大していく。**豊かさの成果がみなに均等に行き渡らずに、どうしても不平等を生み出してしまう。

それは果たして、実は資本主義が来る前からもともとあった不平等を、資本主義の力不足でなかなか解消できない、ということなのか、それとも、資本主義の活動そのもののが、日々新しい不平等をどんどん生み出していっている、ということなのか。これは一概にはいえないというか、細かく見ていけばどちらもあるよねとしかいいようがないのですが、現実問題として資本主義は、すでにそこにある不平等をなかなか消せません。それどころか増幅したりするし、もともとわりと平等だったところに、新しい不平等をつくり出してしまったりもします。

グローバルなものであり、なおかつ不平等を生み出す、あるいは積極的に生み出さないとしても、不平等を消すことができず、維持してしまう。**この二点が現代の資本主義を考えるときのポイントです。**

問いの立て方自体を問い直す

稲葉　ただし、このような問題の立て方は、必ずしも自明ではありません。あえていうとごく最近の問題の立て方です。**「資本主義とは何か」と問う際に、みなが必ずこういう問題の立て方をしてきたわけではなかった**（そして現在もこういう枠組みとは別のしかたで考えている人もいるかもしれない）、ということを確認しておきましょう。五〇代、六〇代ぐらいの方であれば、お若い頃を思い出していただければわかるはずです。昔はいまとは違う問題の立て方、世界観のなかで、私たちは「資本主義とは何か」という問題について考えていました。

おおざっぱにいうと、一九八〇年代ぐらいまでは、「グローバル資本主義」という問題の立て方は決して当たり前ではありませんでした。そういった考え方もそれなりに影響力を持ってはいたんですが、九〇年代頃にようやく確立できたというところであります。

一例を挙げると、八〇年代ぐらいまでは、私たちは「多国籍企業」という言葉づかいをしていました。いま、多国籍企業という言葉はほとんど使われないですよね。企業が多国籍的に展開することなど、当たり前になったのですから。今日では、そのような国境を越えて活動する企業に対して、あえて特別なカテゴライズを行なうとしても、「グローバル企業」というほうが普通だし、それでさえもはや陳腐化しました。

七〇年代は「多国籍企業」という言葉づかい、問題設定が非常にビビッドでアクチュアルだった時代で、それは八〇年代までは続きました。しかしいまはそうではない。こういう違いがあります。八〇年代には「資本主義とは世界的なシステムである」という考え方がわりあい普通にはなってきましたが、それも社会科学界隈の話で、先端的ビジネスマンや教養ある読書人ではないごく普通の人々にとっての「常識」というレベルではなかったのです。

もう一つ、八〇年代はまだ冷戦の終了前で、**地球上に社会主義ブロックというものが存在していた時代**です。人々は「資本主義対社会主義」という対立構造のなかで世界を、そして当然ながら「資本主義とは何か」という問題を考えていました。

この対立構造のなかでは、基本的に資本主義や社会主義というものが、どちらも現実に社会体制として存在していて、人間が社会を営む際のオルタナティブ、選択肢としてリアリティを持っていました。そして、その選択の基本単位は、政治的な統一体としての、国家でした。つまりは国の枠組みの下で、国民経済という単位で考えるというのが、経済について考えるときにも当たり前の、基準的な発想だったのです。資本主義か社会主義か、という体制選択は、トロツキー*主義の世界革命論というのもありますが、基本的には政治的単位としての国家を単位として行なうものと考えられています。

今日においても、国民経済という単位の重要性は無視できないものとしてあるわけですが、世界経済システムのなかでのその意味というのは、昔とはだいぶ違ってしまいました。実態としてはともかく、観念、ものを考える枠のレベルでどちらを基準にするかというときに、現代は昔と比べるとグローバル経済のレベルでまずは考える、というやり方がわりあい有力になってきました。これは比較的新しい現象です。

レフ・トロツキー（1879-1940）
ロシアの革命家、政治家。赤軍を創設し、十月革命を成功に導いた。ロシア革命がヨーロッパ全域、ひいては世界規模の革命を引き起こすとする世界革命論を主張した。一国社会主義論を唱えたスターリン派と対立し、のちに国外へ追放された。

「国家」の正体

稲葉　この変化は、国家という概念の相対化と連動しています。われわれが「国家」と呼んでいる枠組みは比較的新しい仕組みです。

政治的な権力の統一のもとで人々が一緒に暮らしている共同体を、われわれはごく一般的な意味で「国家」と呼ぶことが多い。古代ギリシアのポリスのことや、ローマ帝国のことも、あるいは中華帝国、古代日本の邪馬台国や大和朝廷のこともひとしなみに「国家」と呼び、そのなかでの特殊なタイプを「近代国家」と呼ぶ――しかしこういう考え方は、いまではわりと古くなってしまっています。生活的・政治的共同体さえも、そういったもの一般と「国家」というものをイコールで結んではいけなくて、**いわゆる「国家」とは実は近代国家のことなのである**、という考え方が有力になってきている。

つまり、「国家」とは本来、だいたい一六、一七世紀あたりのヨーロッパ、ラテンキリスト教圏に起源を持つとても特殊なシステムなのだけど、いつの間にかその形を世界中が真似、そのうちにかつての「国家」以外の共同体や政治権力体一般が「国家」と呼ばれるようになった、という、こういう考え方ですね。

資本主義と国家との関係性については、国家が先にあり、国家によって「市場か計画か」というふうに経済体制が選択される、という考え方、国家が自分の枠内に許す部分的な自由な空間としての市場、というイメージではなく、グローバル資本主義という大海に浮かぶイカダ、あるいはもっとガッチリした船、あるいは砦《とりで》を構えた孤島、といった感じのものとしての国家、というイメージにわれわれは到達しています。**しかも、現在そうであるというだけでなく、そもそも昔からそうだった——少なくとも一五、一六世紀ぐらいに、資本主義と政治権力の折り合いの付け方として近代国家の原型ができてきた頃からそうだった**、と。それは、ほんの三〇年ほど前における「資本主義とは何か」という私たちの問題の立て方とはずいぶん違うわけですね。

まとめると、かつては資本主義を「一国単位で」、「社会主義との対比によって」考えていましたが、いまのわれわれはそのような形では問題を問うていません。資本主義を国家単位のものというよりは、もう少しグローバルなものとして考えています。国家が先にあり、その中庭として資本主義的な自由な市場経済（ないしは社会主義計画経済）を展開する、というのではなく、市場経済のなかのネットワークのローカルな拠点のようなものとして国家というものができあがったのであり、その砦の枠内での市場と、砦の外の市場とでは少し性質が異なる。現在の資本主義と国家の関係についてのイメージは、むしろこっちです。

近代という土俵

稲葉　二〇世紀的な資本主義イメージ、資本主義対社会主義という枠組みで、かつ、主に国家単位で人々がものを考えていたときの資本主義イメージについてもうちょっと考えてみます。

資本主義対社会主義という対立構造には、さらにその深層があります。資本主義と社会主義とは、「対立する」以上はそれらが対立するための共通の土俵を必要としているんです。同じ土俵の上で「資本主義か社会主義か」という選択が問われた。いいかえるなら、ある目標を達成するための手段として、どちらが優れているか、という選択として問題は立てられたわけです。両者が対立する**その土俵とは、乱暴にいえば「近代」であり、両者がそれに手段として奉仕する目標とは「近代化」です。**

この対立図式に従うならば、資本主義社会も社会主義社会も、どちらも近代社会です。つまり、高度な科学技術に支えられて生産力をどんどん発展させていく社会。経済と、たとえば軍事において、テクノロジーが重要なファクターになっているような社会。こうした社会を運営していくためのオルタナティブな二つのストラテジーとして、資本主義と社会主義とがある。こういう、「近代化という大目標の達成のために、自由な市場中心で行くのか、国家による統制中心で行くのかという対立が、資本主義対社会主義の対立の根本にある」という考え方は、いまではすっかりみんな忘れているのだけど、一九八〇年代ぐらいまではそこそこバイタルなものでした。

この考え方は、「**近代化論**」とか「**産業社会論**」と呼ぶことができますが、一九七〇年代ぐらいまでは社会学や政治学ではかなり影響力を持った——というよりメインストリームの発想でしたが、今日ではすっかりはやらなくなり、読まれなくなりました。しかしそのなかでいまでも例外的に生き延びて読まれているのが、経営学者の**ピーター・ドラッカー***です。彼の文明論的な本を読めば、「現代における保守主義とは、資本主義でも社会主義でもどちらの極端でもなく、その中庸を行くことだ」という発想が非常にはっきりと見て取れます。[1] もちろん、ドラッカー個人は西側の資本主義が基本的にうまくいくと考えていたわけですが、資本主義と社会主義を互いに原理的に相容れないもの同士とは考えていないんです。

乱暴な二分法

稲葉　そして当然のように、「資本主義」と「社会主義」とをともに「近代社会」の下位分類として一括する考え方の背後には、「近代社会」と「近代化していない社

ピーター・ドラッカー（1909-2005）
オーストリア出身の経営学者。「顧客の創造」「知識労働者」など経営・管理に関する基本的な用語や概念を生み出した。著書に『現代の経営』『イノベーションと起業家精神』など。

会」との対立を見て取る発想が潜んでいるわけですね。このような非常に乱暴な二分法というのは、それこそ一昔前までの社会学のものでもあります。**近代化の拠点であり、うまく近代化している先進工業国と、そうではなく、近代化から取り残されているアジア・アフリカ等の途上国という対立構造**です。この構図では、「資本主義」と「社会主義」との対立は基本的には近代社会の土俵のなかに位置づけられていて、その外には近代化以前の社会というものがあり、近代的な社会とそうでない社会との対比がより根底的なレベルで想定されています。

もちろんこのレベルでもいくつかの異なった考え方があります。一つは、**南北問題**、すなわち先進国と途上国の間の格差構造を、一種の対立関係とみなす立場です。「南北問題」というのは実はもともとはどちらかというとマルクス主義的な言葉づかいなんですね。マルクス主義は資本主義が格差を生み出す構造であるということを批判して、格差を生み出す資本主義はよくないから社会主義にとってかえようという考え方をとっていたわけですが、世界的なレベルでの先進国と途上国の間の格差も、いってみれば資本主義のメカニズムが生み出しているものだという立場に立っています。構造的な格差であり、政治的な対立ととらえているわけです。

しかしここは結構複雑な問題があって、「ということはマルクス主義は早い時期から資本主義を世界システムとしてとらえていたのね」と思いがちなのですけど、必ずしもそうではありません。そもそもレーニン*は——もちろん彼の時代にはまだ「南北問題」などという言葉自体がないわけですが——西洋列強の先進資本主義諸国と、その植民地となっていったアジア・アフリカとの関係を表す際には、別にマルクス主義が出自ではない、当時におけるごく普通の言葉づかいである「帝国主義」という表現を使っていました。それは要するに本国と植民地との間の政治的支配を軸に格差を考える言葉づかいですよね。

結局のところレーニンもまだ資本主義を国家単位でとらえていて、国際政治のピラミッド的なヒエラルキー的構造を軸に考えていました（資本主義全体を世界的システムとしてとらえた先駆者としては、ローザ・ルクセンブルク*という人がいますが、あの人はちょっと異端でした）。

対立が解消に向かうかどうかということに対する見方としては、「近代化というダイナミズム自体は、やがては世界中をおおいつくし、現在の低開発国を長期的には豊かにしてゆくだろう」「途上国は努力すればやがては先進国に追いつけるし、援助があれば追いつくのはもっと早くなる」という楽観論もあれば、「そう簡単にはいかない」という悲観論もあったけど、基本的に物事はやはり国家単位でとらえられていました。現在の私たちの世界観とはちょっと違っています。

繰り返しになりますが、現在の私たちが「資本主義とは何か」というときの問題の

ウラジーミル・レーニン（1870-1924）
ロシアの革命家、政治家。ボリシェビキを率いて十月革命を成功させ、歴史上初めて社会主義政権を樹立した。著書に『帝国主義論』『国家と革命』など。

ローザ・ルクセンブルク（1871-1919）
ポーランド出身の革命家、経済学者。ドイツ共産党の創立者の一人。著書に『資本蓄積論』など。

立て方というのはずいぶん変わってしまっています。「資本主義とは基本的にはグローバルなものだ」という考え方は、常識に近いレベルまで浸透してきていると思います。「むしろ資本主義に比べれば国家のほうが、より根本的ではない二次的なシステム、世界史システムとしての資本主義が生み出した派生的なサブシステムなんじゃないか」とまで考える人もいるほどです。

資本主義のオルタナティブ

稲葉 もう一つの論点としては、「資本主義とは何か」と問うときに、人は暗黙の裡に「**資本主義ではない何か別のもの**」との対比関係においてそう問うている、ということがあります。かつては、ここで持ってこられるべき比較対象は社会主義でした。「産業社会論」「近代化論」の場合には、さらにそのうえでこの両者、社会主義と資本主義をひっくるめた近代的な産業社会、当時の科学技術にもとづく社会と、近代化以前の伝統が支配する社会とを対比しました。しかし現在はこうしたとらえ方はされていません。

では、現在「資本主義とは何か」というときに、資本主義と対比される「何か別のもの」は何とされているでしょうか？ **社会主義ではありません。**社会主義は現実の体制としてはいったん崩壊していて、歴史的には過去の遺物です。バイタルなものではなく、抽象的な理論、思想以上のものではなくなってきています。実体としての社会主義は存在しないので、そのレベルにおいて、つまり現実存在としての資本主義と対比して、何かいいうるようなものではありません。

しかしいずれにせよ「資本主義とは何か」と問うのであれば、「資本主義ではない何か別のもの」との比較をしなければなりません。そう考えると、もはやわれわれは、かつての「資本主義と社会主義は産業化・近代化のストラテジーである」という考え方とはまったく異なり、「近代社会の基本形は資本主義である」と考えざるを得ないところに追いこまれたのではないでしょうか。

そうなると、ここで対比の相手、「資本主義ではない何か別のもの」は何になるかというと、**「近代社会ではない何か別のもの」**、端的にいえば近代化以前の伝統社会になってしまいます。資本主義はまさに近代社会の典型であり、**「資本主義とは何か」と問うことはすなわち、「近代とは何か」を問うことになってしまう。**こういうところに私たちは追いこまれてきています。

かつての社会主義の残滓《ざんし》は、たとえば北朝鮮に残っていたりするかもしれませんが、経済が順調な中国やベトナムについては、もはやとうてい社会主義とはいえません。にもかかわらず独裁政権は続いている、とこういう状態です。かつて社会主義というのは、近代化のための国家中心のストラテジーとして、市場中心の資本主義とは別のオルタナティブとして構想されていたのだけど、実際にはどういうものであったか。また、実体としての社会主義が一定期間成立していた国、社会主義者が政権をとって一定期間、数十年間覇権を握っていた国とは、どのような国だったのか。

そのように考えると、やはりロシアにせよ中国にせよ、産業化、近代化の後発国です。またこうした国々は同時に独裁政権のもとで社会主義を運営しており、ときに「民主化」とも呼ばれた脱社会主義化以降も、過渡期を経て結局のところなんらかの意味で独裁政権です。

このような歴史をふまえて、現在のわれわれはかつての社会主義を、むしろ「近代社会ではないもの」として扱うようになってきています。結局それは独裁であり、ゆえに近代社会とは呼べないものだったのだ、と。

法の支配

稲葉　近代社会とそれ以外の社会を分かつポイントとしては、「**法の支配**」のあるなしが重要視されます。しかしこれが何なのかというと、難しい問題です。

そこでは、政治権力が私物化されない、私有財産とならない、ということがきわめて重要になります。常識的には、財産権をその中核として含む法を保障する力、法を人に守らせる強制力、そして人が従わねばならない法をつくり出すことこそが政治権力であるわけですが、「法の支配」という思想においては、法をつくり出す政治権力自体が法に縛られている、その根拠を法に持っている、とされるのです。政治権力は、その権力を保持している者の意のままにはならず、その行使は権力を基礎づけ、縛る法によってコントロールされている、と。

「法の支配」に従う政体は、必ずしも民主的であるとは限りません。しかしそこでは、政治権力が権力者の私有財産にはなっていません。権力者とは、公的な権力機関におけるある役職以上のものではない、というのが基本です。このような政治体制が、「法の支配」がそれなりにあるような社会だといえます。

たとえ独裁的な権力者の場合でも、その権力の根拠は、あくまでもその人が現在その役職についているがゆえのものであり、つまり人にではなく地位についているものであって、その人固有の財産であるとか属性であるとかというわけではない。こういう、特定の人と権力の分離、人にではなく地位につくものとしての権力、という仕組みがまがりなりにもできていれば、そこには「法の支配」がある、といってよさそうです。そしてそれは、われわれが考える「近代社会」において満たされていなければならない、必須の要件の一つとなっています。

現存した社会主義はいずれも、広い意味での独裁体制であって、エリートによる政治権力の私物化にたどりつくことがほとんどでした。そうなるとわれわれは、現存した社会主義体制を、そもそも「近代」のなかに入れて考えていいものかどうかわからない、というふうに、ことに冷戦終焉後には考えるようになったのです。

もちろん、一口に「独裁」とはいっても、さまざまなタイプのものがあります。きわめて高度に官僚制が発達した独裁体制においては、権力的な地位の私物化というものが規制され、ある種の「法の支配」に近づく可能性もあるわけですが、その一方で、最高権力者による恣意がまかり通り、官僚制による管理の場合のような予測可能性がない、つまり下々《しもじも》の民にとっては朝令暮改で、そもそも法律があってもそれを見せてもらえない、というようなタイプの独裁社会もあります。そういうでたらめな独裁は、ある意味で、そもそもそういう独裁的な権力さえないようなアナーキー、無政府状態に近づくともいえます。

具体的にはどんな感じか、というと案外難しいのですけど、いわゆる破綻国家、あるいは破綻国家というような段階も通り越したというソマリアの一部地域なんかはそれに近いんじゃないのか、とかいわれますね。こういうものをわれわれは「近代社会ならざるもの」として、近代社会と対比すべき対象として思い浮かべます。

理想と現実

稲葉　このように、つまり社会主義が近代社会の一バリエーションから、近代社会ならざるものの側に追いやられたがゆえに、資本主義こそが近代社会の典型だということになってしまったわけです。つまり資本主義を問うことは近代とは何かを問うことにもなってしまった。

しかしそうするとなおやっかいな問題が残ります。先ほどの議論では「近代社会」の本質を「法の支配」に求め、独裁をその否定ととらえ、社会主義は資本主義と対立するから、ではなく、独裁に行きつくから、という理由で「近代社会ならざるもの」の側に入れました。しかし「法の支配」と同様資本主義もまた近代社会を構成する「本質」的な契機だとするならば、資本主義と対比すべきもの、資本主義の否定、「資本主義ならざるもの」を何に求めればよいのでしょうか？

ここでもう一度「社会主義」が帰ってきます。ただし、現実の、実現された社会体制としてではなく。

そもそも「資本主義」という言葉は、ベタベタの現実に対して与えられた名前であり、理念に対して与えられた名前ではありません。それに対してもともと「社会主

義」とは理念、思想に対して与えられた名前です。その理念が実装されたときに、期待どおりのパフォーマンスを示してくれなかったので、みなが幻滅したのです。「資本主義」の語のほうは、もともとは醜い現実に対して、できればそれを克服したい、捨て去りたい、という現実に対してつけられた名であり、むしろ罵倒に近いものだったのですけど、だんだんニュートラルな使われ方をするようになってきました。

そして「近代」という言葉は、現実と理念の、両方を指す言葉づかいでした。そう考えると「資本主義」という言葉は、非常に乱暴にいうと、近代の現実、それもありうべき近代の理想が十分に実現してくれていない現状への、告発の言葉だったわけです。

原則的には人々が平等な権利を持った存在として、平等に尊重され、なおかつ人々の基本的に自由な存在として肯定される社会の実現、これが近代の理念だとしましょう。かつては、人間の社会には身分による格差、差別があるのが当たり前であり、人はその身分に応じて異なった権利と義務を持っていることが当たり前だ、とされていたのに対して、それは当たり前ではない、と疑義を呈したんですね。人間はみな同じ「市民」という身分に属する、あるいはそもそも身分なんてものはなく、人はみな同じ権利と身分を持っている、というのが近代の理念です。

にもかかわらず、現実には、それはたしかにかつての身分制社会とは違うかもしれないけれど、新しいタイプの格差や不平等を生み出し、あるいは増幅させる社会として近代社会は実現してしまいました。そういう現実に対して、それは困る、なんとかしたい、ということで社会主義が生まれるわけです。

いまだ近代化が不徹底、不十分だからこそそういう問題が起きているのか、それとも、近代の理想そのものに構造的な欠陥があって、その理想を実現しようとがんばったら結局こうなってしまわざるを得ないのか、と問うてみて、どちらかというと後者の立場から、近代の理想を裏切る現実としての資本主義を克服して、近代の理想を取り戻そうという発想が、もともとの社会主義の土台です。そうなのだけど、一九世紀から二〇世紀において、社会主義の立場からいろいろ実行に移されたプロジェクトの多くは破綻しました。

もちろん何をもって「社会主義」と呼ぶかは実はいろいろあって、**たとえば協同組合という組織形態も社会主義を母体としています。**国家レベルでの社会体制としてではなく、ある種のローカルな組織編成原理とか、部分的な社会マネジメントのあり方としてであれば、社会主義は現実の社会運動、社会組織として存続しているわけです。

ただ、資本主義にとってかわる別の経済体制としての社会主義計画経済は、一九世紀、二〇世紀にかけて赤字が続いてしまって、もうほとんど誰もそれを取り戻そうと思わない。かといって、資本主義が抱える大きな問題は解消していません。

止まらない格差拡大

稲葉　**資本主義の抱える依然として最も重要な問題は格差です。**乱暴にいえば、うまく成長すればするほど、みんなが豊かになればなるほど、その間での格差は巨大になるばかり。

そう考えるとピケティ*の『**21世紀の資本**』は、売れただけのことはあります。[2]あの本は何がいいかというと、いらん小理屈が少ない。丹念に数字を追いかけている。文明論的な法螺《ほら》も吹いていない。非常にラディカルな改革案を提出しているんですけど、「資本主義はダメだからやめよう」というようなことはいっていない。それが非常によいところですね。

あと最近のものだと、ブランコ・ミラノヴィッチ*という人の『**大不平等——エレファントカーブが予測する未来**』という本があります。[3]ピケティも推薦文を書いています。グローバルな不平等、しかも国家間、先進国と途上国の間だけではなく、世界レベルからローカルレベルまでを非常に広く鳥瞰して一貫したパースペクティブに収めている本として、現状ではこの本がベストでしょう。不平等はなかなか解消しづらい、ということをデータにもとづいて地道に論じたこういう本がどんどん出てきてい

トマ・ピケティ
（1971-）
フランスの経済学者。パリ経済学校経済学教授、社会科学高等研究院経済学教授。経済的不平等について、歴史比較の観点から研究を行なっている。二〇一三年に発表した『21世紀の資本』が世界的ベストセラーとなる。他の著書に『格差と再分配』など。

ブランコ・ミラノヴィッチ
（1953-）
セルビア系アメリカ人の経済学者。ルクセンブルク所得研究センター上級研究員、ニューヨーク市立大学大学院センター客員大学院教授。元世界銀行

ますので、読まれることをおすすめします。

ピケティやミラノヴィッチの研究がどういう問題関心のもとで出てきたのかを確認しておきましょう。

一九八〇年代に東アジアの**NIES、新興工業経済の発展**があり、九〇年代あたりから改革開放後の**中国のメガ成長が本格化**し、二一世紀になるとさらに**BRICs、つまり中国のみならずインド、ロシア、ブラジル**の大きな動きが注目されました。アフリカもまた変化しています。まとめていえば、多くの（旧）途上国における急激な成長と生活水準の向上がある一方で、まだ取り残されている最貧国もあり、また先進国の国内における不平等は拡大しています。

特に二〇世紀の末以降こういうことが非常に大きな問題として意識されるようになってきていて、ピケティらの仕事は、現時点でわれわれが何に直面しているかということに関してのよい見取り図を与えてくれます。

では、世界の資本主義が今後どのような方向に行くかということですが、ミラノヴィッチの本を見る限りでは、ナチュラルな動向として見るならば――つまり、今後世界レベルでの大きな政治的な変革とか革命的変化がないと想定するならば、**グローバルなレベルでは、世界全体がどんどん豊かになる一方で、格差があちこちで拡大していくでしょう。**

主任エコノミスト。著書に『不平等について』『大不平等』など。

グローバルな中間階層というべきものが、いま生じつつあります。途上国の**貧困層がどんどん豊かになり、アジア諸国などがもはや先進国といえるレベルになったとき、今度はいまの先進国が悩んでいるような不平等に深刻に悩まされることになる。**この格差拡大の構造はおそらく変わりません。こうしたメカニズムを理解するには、文明論を云々するよりもまずデータを見ることがとても大事です。

AIブームと資本主義の未来

稲葉　そのうえで、あえて文明論的な話をするならば、今後の技術発展において、それこそ**「AIブーム」といわれているような動向は、放置しておくとおそらく格差をさらに拡大させる方向で働く**であろう、と、こんなふうに私は考えます。

かつての先進国において一時的に格差が縮小したように見えたことの大きな理由は、一つは**福祉国家的再分配**、もう一つは**教育水準のアップ**です。上から一パーセントとそれ以外の格差は財産によるものが大きいわけですが、たとえば上から一〇パーセントとそれ以外の格差は、学歴や教育水準の結果として説明できるといわれています。情報通信革命のなかでの新しいテクノロジーに対する適応度の違いによっていたともいわれますね。[4]

だけども、二一世紀なかば以降、このトレンドが変わるかもしれません。ＡＩが格差をさらに広げる、あるいは知識労働者自体の機械による代替が進んで、それが持てる者と持たざる者の格差、つまり賃金格差よりは財産所得の格差に転換される可能性が無視できません。どんどん人間が安くなっていく時代が訪れる可能性が高い。

ただ、いずれにしても、資本主義自体は相当に根強い、しぶといシステムだと思います。単なる自由な市場経済というにとどまらない、その主役がいわゆる「企業」であるような経済は、**たとえば向こう一〇〇〇年ぐらいのタームなら、人類文明が存続する限りにおいて、その間ずっとバイタルなものとして存続し続けると考えます。**そう簡単になくなるものではない。

もちろん、そうした未来の資本主義は、現在のわれわれが知っているようなものとは相当に違うものであるだろうし、私たちの子孫が「資本主義とは何か」を問うときの比較対象もまた、いまとはずいぶん異なっているのでしょう。

質疑応答

女性Ａ　最近、ちょっと社会主義っぽい、ベーシックインカム*に対して肯定的な考えを持つ人たちがあらわれているなと感じています。その位置づけについて先生はどの

ベーシックインカム
個人が生活するために必要な最低限の額を政府が国民に一律で給付する制度。

ようにお考えですか。

稲葉　ベーシックインカムは、いまや単なるアイディア、理念というレベルから、**実現可能性とその利害得失までをも射程に入れた、具体的な政策の問題、非常にプラクティカルな問題として考えないといけないレベルになっています。**ベーシックインカムを導入したからこうなる、と一律にいえるようなものではないんです。

ベーシックインカムのアイディアが、ふわふわした空想的理想のレベルにとどまっているならば、それは実は具体的な制度構想というより、既存の社会批判の思想でしかありません。しかし、そういう批判の道具ではなく、具体的、積極的な政策理論のレベルになると、話は別です。**同じ「ベーシックインカム」と呼びうるような仕組みであっても、どこでどういう形で実現するかによって、全然違う機能をしちゃうこともありうる。**この問題について真面目に考えていかなければならない、というのが第一点です。

そのうえで、ベーシックインカムの歴史的な位置づけについて考えてみます。

発想自体は、もちろん互いに独立に似たようなことをいろんな人たちが思いついているのだけど、経済学的な観点からたどってみるならば、たとえば、社会主義とは対極の立場にいると思われるミルトン・フリードマン*の「**負の所得税**」という考え方が、ベーシックインカムの原点の一つだといわれています。

ミルトン・フリードマン（1912-2006）
アメリカの経済学者。ネオリベラリズム（新自由主義）の代表的論者。著書に『資本主義と自由』など。

いまの日本などでも、所得が一定数以下の人には所得税を課さないですけど、そこを通り越して、ネガティブな所得税をそういう人たちから徴収しようというアイディアです。すなわち、徴収するんじゃなくて、逆にお金を給付する。市場への介入を嫌い、徹底した規制緩和を唱道したフリードマンによる、市場メカニズムを、とりわけ人々の勤労意欲を極力ゆがめない、非常にミニマルな形での介入による社会保障プラン。

ポイントは、これが従来の生活保護、公的扶助ですと、役所の判断によって、誰が援助を必要としているのかが決められるわけですが、この「負の所得税」はあくまでも、万人に適応される所得税制度の一環として位置づけられており、役所による裁量の余地がない、というところです。

フリードマンとは独立にベーシックインカム的な発想を提起した人たちはいて、そのなかにはフリードマンに比べれば社会主義に同情的な、左翼サイドの論者もいますが、基本的にはベーシックインカムという発想は、あまり社会主義的なものではありません。資本主義という仕組みは当面は克服不能な動かしがたい現実である、ということを受け入れたうえでの思想になっています。

さらに具体的な制度設計のレベルになるとなかなかやっかいで、それこそフリードマンにシンパシーを感じる、いわゆる新自由主義寄りの論者たちのなかには、これまでのさまざまな制度にある生活保護のシステム、それとはまた別の仕組みとしての社会保障システムを合理化して統廃合するためにベーシックインカムを、というふうに主張している人たちもいます。

あと最近、ベーシックインカムに対して非常に強硬な主張をしていた人に目立つのは、二一世紀後半以降、ＡＩのインパクトがきわめて激烈になり、賃金によって生活を支えるということができなくなる社会が少なくとも過渡的には到来するということを予想している一部の人たちですね。ただこの人たちは実際には失業対策、生活保障の必要を主張しているだけで、そのためにはなぜ他のやり方ではなくベーシックインカムがよいのか、についての議論がまだ弱いという印象を受けます。

男性Ｂ　先生は先ほど、ＡＩで格差が増大するとおっしゃいましたが、その理由についてお聞かせください。

稲葉　一番単純に考えれば、ＡＩというのは人間ではないので、誰かが所有する財産であるということです。人間の労働の一部がＡＩによって代替されていくならば、そのぶん人間の雇用が減り、賃金が下がるし、ＡＩの所有者が財産としてのＡＩに対するリターンを得るわけです。

男性Ｂ　ＡＩを持っている人と持っていない人で差が出る、ということですね。

稲葉　そういうことです。人間を所有することは現行制度においてはできませんので。

男性B　個人が所有するのではなく、ネットワークや社会がＡＩ化される場合はどうなのでしょう。

稲葉　ＡＩという言葉をどうとらえるのかというのは、これも非常にふわふわしたものなのでなんともいいがたいものがありますが、まあ、財産としてのＡＩについて考えてみるならば、まず考えられるのは、ＡＩを実装した物理的な実体としての機械、ハードウェアを持っている、という場合がわかりやすいですね。あとはもちろん、あくまでもハードウェアとは区別されたソフトウェアとしてＡＩが考えられていれば、現行のソフトウェアにおけるのと基本的には同じような取り扱い、つまり新しいタイプの知的財産ということになって、ライセンスだのなんだのが問題となるでしょうね。

遠い未来には、自律性のきわめて高い人工知能が、ある種の法的人格を取得して、ＡＩ自体が「人」になる、ということも考えられます。そのようなＡＩについては、誰の財産だとかいうこと自体が問題とならなくなるようなこともありうるかとは思いますが、そうならないのであるならば、ＡＩそれ自体はただの物件でしょう。つまり財産権の対象ではあっても財産権の主体ではない。

ただ、現に予想されている方向としては、**ＡＩが法人格化される**という考えがあります。たとえば、人間の従業員が一人もいない株式会社、とでもいうものを想像することは簡単です。ある程度自動的に、勝手に仕事をするＡＩがいて、それを所有しているのは人間であり、ＡＩが行なった仕事の収益を得るけれど、所有者が単独ではなく複数いるため、ＡＩ自体に一つの法人格を与えて権利義務関係をわかりやすくする、と。

ＡＩ自体が、行使しうる権利義務の範囲が限定された法人格ではなく、自然人同様のフルセットの人権を持つ主体になる可能性があるかどうか、はまた別の問題です。そうなると今度は人間とＡＩとの間の格差を考えることになるんでしょうけど、そこまではまだ考える必要はない。

現在の技術動向から展望できる範囲でいうならば、ＡＩはあくまでも人間が所有する財産です。そうすると、ＡＩの発展は、ＡＩを持っている人と持っていない人の間の格差が拡大する要因になる、と推測できます。

男性B　ＡＩの定義のしかたによっては、経済的な格差が増えないこともありうるでしょうか。

稲葉　ＡＩを実装して経済的な富を生み出す仕組みができるならば、ＡＩの定義をどうしようと、そういう仕組みがある限り、生産力があり、その生産力はそれを所有する人に帰属するので、ほっておけば格差が拡大すると思います。

男性C　いまの議論に絡んで、資本主義の今後のあり方として私が個人的に注目しているのは中国です。中国は少なくとも、自分たちは社会主義の国だと定義しています。資産はすべて、土地も含めて国家が所有していて、非常に効率的に運営している。GDPは日本の二倍です。

たとえば、中国共産党がAIを所有していて、AIの活用によって生産量を高めていき、その収益をベーシックインカムという形で国民に還付していく――そういう形態は、いまの日本やアメリカとは違うパターンの資本主義としてありえるのでしょうか。

稲葉　その話は人工知能の問題を離れても十分議論できるものだと思います。中国の「資本主義」とも「社会主義」とも呼ばれる変な体制は将来どうなっていくのか、という問題ですね。それはいわゆる「市場社会主義」と狭い意味での「資本主義」の区別をどうつけるか、という問題にも通じます。

いまの中国の体制を「市場社会主義」と呼んでいいのか、そもそも「市場社会主義」なんていうものが歴史上これまでに実現したことがあったのかどうか、については十分に議論の余地があります。中国が果たしてそうか、あるいは完全に資本主義なのか、というのは難しい問題です。

いまの中国では、土地の所有権に関しては特にあやふやですね。たしかに土地も株式も、市場ができて実質的に流通しているし、外国人も制限付きでそれらを所有できるにしても、あれは本当に「所有権」なのか。それとも単なる利用権以上のものではなく、一朝事《いっちょうこと》あればいつでも国家に接収されてしまうようなものなのか。

もちろん中国だけではなく他の国でも、所有権にはある程度のコントロールをかけますけど、グローバルな資本主義においては、土地や海外の会社であっても、原則的には制限付きであってもどこの国の資産でも所有できるという建前のうえで動いていて、中国もそれに一応はのっとっています。だけど最終的な首根っこは国が押さえつけたい。最後のところでは国がつかまえているのではないか、という懐疑はもちろんあるわけです。結局のところ中国は、資本主義の皮をかぶった市場社会主義かもしれない。

その区別をどこでつけるかというと、最終的には**会社そのものを見る**、ということになります。

たとえば株式市場システムや、倒産に関する仕組みがきちんとあって、不健全な企業やだめな企業をつぶす。あるいは役人に賄賂を渡して苦労せずとも新しいビジネスが始められる。こういうのがちゃんとした資本主義であるとするならば、中国の場合はまだそこがちょっと怪しい。市場の規模は大きいし、優秀な人材もたくさんいて、技術発展してきているので、外国人もそれに乗っかりたいと思っているけれど、そういった財産権を保障するガバナンスのレベルで不安が残る。調子がいいときはいいけど、そうでないときに政府がいきなり牙を剝《む》いて、土地や会社を接収するんじゃないかという不安はあります。

ロシアにおいて、かつてオリガルヒと呼ばれた新興企業家たちがいましたが、軒並み弾圧されました。要は、中国でも似たようなことが起こるのではないかということです。

ウイグルとかチベットで独立運動や反対運動をしている人のなかには、実はビジネスパーソンが混じっています。優秀な企業家としてビジネスを展開していたときに、共産党に邪魔をされたという人が、現在の中国の反体制派のなかには無視しがたい割合で混じっているんです。

金持ちが政治に口を出したくなったときに、党の利権構造にからめとれるうちはいいけれど、自分なりの理想を持ってものをいい出したら弾圧する――こういうやり方は、向こうしばらく回りそうではありますが、一〇〇年単位でいえば、長続きしないのではないかと思います。

質問者C もう一つ伺いたいことがあります。宇沢弘文《うざわひろふみ》*やジェイン・ジェイコブス*など、フリードマンと新自由主義を批判してきた経済学者の議論についてです。

いわく、コモンズの悲劇*を避けるために私有財産をある程度制限するという、ある

宇沢弘文
（1928-2014）
経済学者。東京大学名誉教授。経済成長モデルの数理的な定式化などで業績を挙げたほか、公害などの環境問題にも積極的に取り組んだ。著書に『社会的共通資本』『経済と人間の旅』など。

ジェイン・ジェイコブズ
（1916-2006）
アメリカのジャーナリスト、ノンフィクション作家。都市開発に対する問題提起や反対運動を展開。建築家ロバート・モーゼス（第5講）とは鋭く対立した。著書に『アメリカ大都市の生と死』『都市の経済学』など。

種の昔の知恵みたいなものが、格差を持ついまの資本主義を変えていけるんじゃないか。なおかつ、ブロックチェーン*などのテクノロジーの力でサポートされるので、単純に江戸時代に戻るわけではない。こちらの方向性が一つの答えになるのでしょうか。

稲葉　宇沢弘文先生は、経済に限っていうならば、国単位でものを考えておられるという印象があります。コモンズといったときには、ローカルのコモンズも重要ですが、**グローバルコモンズ**も重要です。つまり地球環境ですよね。二酸化炭素、温暖化の問題もそうですし、わかりやすいところでは地球全体における大気や水の循環もそうです。さらに宇宙空間もグローバルコモンズです。たとえば、静止衛星軌道というものは、一本しかありません。それ以外にも有用な軌道は限られています。また、デブリ（宇宙ゴミ）の問題もあります。

では、どういう仕組みが適切なのか。大気の問題に関していえば、一つの有力な考え方として、排出権を無理やり市場化して取引するというアプローチがあります。これは実験段階を過ぎて、本気になれば制度化をさらに進展させられるのではないか、という段階に来ています。

まったく市場では対応できない種類の問題なのか、うまくルールをつくれば市場に乗っけられる種類の問題なのか。コモンズ問題に関しては両方があるんです。

ゴミは捨てた人が処分しなさいというのは、ゴミ処理の問題を市場化するというこ

コモンズの悲劇
誰でも利用可能な資源は、個々人が自分の利益を最大化させるために乱獲され枯渇し、全体としては不利益を受けるという経済学の法則。

ブロックチェーン
分散型台帳。「ブロック」と呼ばれるデータの単位を一定時間ごとに生成し、鎖（チェーン）のように連結していくことでデータを保管する。ビットコインをはじめ現在流通している多くの仮想通貨は、取引履歴の記録にブロックチェーン技術を利用している。

とです。ゴミをいわば負の財産として扱い、出した人の責任で処理するというルールを徹底する。ゴミ袋の有料化はそういう仕組みの一端です。

一方、どう考えても市場化は無理だというケースもあります。たとえば、高速道路はゲートを設けて利用者から料金を徴収できるけれども、一般道にそんなことをしていたら交通が停滞してしまいます。**いくら技術が発展しても、そういう仕組みはむしろマイナスですよね。**こういうことに関しては、市場化するよりもストレートに共同体管理をしたほうがいい。思想の問題というよりは、ケースバイケースの技術的問題ではないかと思います。

男性D　資本主義は自由市場のもとに成り立っているといわれることに疑問があります。過去を振り返ってみると、たとえば農業分野ではアメリカが補助金をわんさか入れていますし、インターネットをはじめとした技術も、もとは国が投入した技術の上に成り立っています。

こう考えると、まだまだ本当に自由な市場経済というものはないのではないか、国家が裏で糸を引いているのではないかと思うのですが。

稲葉　もちろんそういうことはいくらでもいえます。では国家の裏には何がいるんでしょうか。そういう理屈は無限後退するんですよね。国家で終わりではないんです。

国家は具体的に何でできているのか、どういう意思決定のもとにそういうことをしたのか、具体的に見ていけば必ず背後にさかのぼっていけます。

男性D　国家の裏にいるのは、たとえばなんでしょうか。

稲葉　先ほどもいいましたように、歴史的なコンテクストでいうならば、国家はある特定の時代に、ある特定のローカルなエリアから出てきた組織形態であって、これがいつの間にか普及した、という以上のものではありません。人類にとって必然的な宿命、というわけではない。また、ここからすべてが始まった、という原点もないんです。市場もそうですが、国家だってそうです。

今日の国民国家というものを相対化するにあたって非常に大きな影響力を持った学者の一人に、イマニュエル・ウォーラーステイン*という人がいます。非常に広い意味でのある種のマルクス主義者だと思うんですけど、彼によると、社会の基本単位はそもそも**世界システム**だ、となります。自己完結した一つのまとまりを「社会」と呼びたいのであれば、実はそれは国家でも地域社会でもなく、より広い通商圏たる世界システムなんだ、と主張したわけです。

ただ、一口に「世界システム」といっても、実は二つのタイプがあります。一つは、単一の中心がある「**世界帝国**」、例としてはローマとか中国ですね。もう一つが、単一の中心を持たない、政治的に統一されていない通商圏、彼がワールドエコノミー、

イマニュエル・ウォーラーステイン
（1930－）
アメリカの社会学者、歴史学者。著書に『近代世界システム』『史的システムとしての資本主義』など。

「**世界経済**」と呼んでいるものです。世界帝国のほうはその存立メカニズムがわかりやすいのだけど、世界経済のほうはわかりにくいんですよね。**政治的な中心が複数ある世界システムは、どのようにして一体性を保つことができるのか。**

だからといって、彼がいっていることがでたらめかというと、そうも思えない。彼のいうことを受け入れるとすると、何百年にわたって政治的な統一性がないシステムでも、それなりになんとなく秩序が保たれるという現実があります。

僕は、ウォーラーステインが直観的に述べた、帝国とそうではないタイプの多中心的なシステムの違いは、根本的だと思っています。われわれの世界には国家が複数ある。たとえば古典古代期のギリシア社会。宗教、文化、言語の統一性はあったけれども、政治的な統一性はなかった。アテナイとかスパルタとか、それぞれが独立性を持っていました。数百年で滅びましたが、それでも数百年は保ったんです。

しかしこういうシステムがどうして成立・存続可能なのか、これはまだ十分に解明されてはいません。

男性E　社会保障や保険の面、あるいは予算権を持つという意味では国家の力はまだまだ強いと思います。いまお話しされていたように、そうではない形態が存在していた時期もあるので、国家だけが唯一の形態ではないというふうに頭では理解できるのですが、それに代わる具体的な力として先生が考えていらっしゃるものはありますか。

稲葉　そもそも何をもって「国家」とするか、国家の定義が難しいわけです。定義自体が「政治的な統一性のある生活共同体はみな国家だ」てな、何もかも一緒くたな感じになりかねないわけですけど、そのような一般的な定義では、われわれがここで考えている国家、世界帝国ではない、世界システムのなかのローカルな存在としての、資本主義の同伴者としての近代国家の特異性は十分にとらえられないのではないか、という難しい問題があります。

こうした問題を論じた本として、ベネディクト・アンダーソン*の『想像の共同体——ナショナリズムの起源と流行』が有名です[6]。この本を読むと、近代国家は過渡的な存在であって、非常に具体的な理由があってできたものなのだ、ということについてのイメージがわきます。

たとえばアンダーソンが強調するのはマスコミやジャーナリズム、印刷出版文化の、アンダーソンの言葉では「**出版資本主義**」の重要性です。ある一定の人たちの間で同じ文化が共有されること、同じものを読んでいる人たちの結びつきが非常に重要だ、と。ただ、東南アジアに行くと、領域内に複数の言語があるにもかかわらず、その壁を越えて統一国家が形成されている、ということをアンダーソンは論じていて、話はもっと複雑になります。

***ベネディクト・アンダーソン（1936-2015）**
アメリカの政治学者。インドネシア史の研究で博士号を取得し、タイやフィリピンへと研究領域を広げた。一九八三年に発表した『想像の共同体』はナショナリズム研究に大きな影響を与えた。他の著書に『比較の亡霊』など。

いずれにせよアンダーソンによれば、国家というものは自然発生的な共同体ではなく、特定の社会的・技術的な条件に支えられた人工物であるといったほうがよい。

私たちの知っている国家の条件として重要なのは、「出版資本主義」といったある種の技術的・制度的な背景に支えられた、俗に「文化」、ことに「国民文化」と呼ばれるようなものですね。**数百万から数千万ぐらいの読書人口がないと、たとえばプロの作家によって書かれた本格的な文芸作品たる「国民文学」は生まれにくい。**そして、そういう人口集団ができるような社会とできないような社会とがある、ということがとても重要です。

しかしそれ以上に重要なことは、おそらくは軍事的要因です。国民国家の形成にあたっては、一六、一七世紀の軍事技術と財政システムとのバランスがとても重要だといわれています。近代的な軍事システムといえば、**プロの、しかもフリーランスではなく常勤の公務員としての軍人から構成された常備軍**ですね。それを組織し維持するための恒常的な財政システム、こういうものができあがることが近代国家の一つの原型だと考えると、一六、一七世紀にできています。

先鞭をつけたのはおそらくルネサンス期のイタリアの都市国家です。ところが、そういうシステムをきちんと運用していくためには、都市国家のスケールでは小さすぎました。それで、集められる軍隊の規模が小さかったのです。

それを本格的に展開するためには、地理的にもっと広い領域における、もう一段上のスケールの人口集団が必要になってきます。たとえばフランス。ちょうど人口数百万から数千万ぐらいで、一つの都市国家ではなく複数の都市を抱えこんでいるような広めの単位が、近代における国家の基本単位になりました。言語的一体性や文化的一体性はそのあとからくるんですね。フランスでいうと、フランス革命以降でした。

一九世紀までは軍備をなんとかするというのが国家の主要な目的として重要だった。二〇世紀後半になると、かなり状況が変わります。軍事において国家は重要ですけど、それだけではありません。国家以下の単位も重要になってきます。

こうした経緯をふまえると、国家の使命は、今後どういう条件で変わっていくのか、非常にいろいろな可能性が考えられます。

男性F　飛行機やインターネットによって世界中とつながることができる時代ですが、日本とアメリカ、日本とヨーロッパのように、大幅な時差をまたぐ形での統一国家は成立しうるのでしょうか。

稲葉　難しいと思います。主権国家の三要素といったときに、同じ法があるということ、領土があるということ、土地の上に生活している人たち（人民）の三つが挙げられますが、以前から考えていることの一つは、ここでの「領土」というものの意味についてです。つまり典型的な国家のあり方として、土地というものがそこから外しがたいということの意味はまだ十分に解明されていないと思うんです。

国土は国家にとって必須のファクターなのかというと、現実問題では必須なんだけど、これからも必須であり続けるのかどうか。そもそもなぜ必須だったのか、その理由がよくわかっていません。外国人に対する土地所有は、制限付きですが認められているわけです。現在の日本にとってもこれから土地の問題は重要になってくると思います。人口が減少していくなかで、無主地（所有者が定まっていない土地）がどんどん増えていき、そうした土地を外国人が取得する可能性がいわれています。しかしなんで無主地が問題なのかは冷静に考えるとよくわからない。

もちろん、生身の人間は土地、空間を占めていないと生存できないということの意味は大きい。たとえば会社は住所を登記しますけど、法人はペーパーカンパニーでいいわけです。具体的な空間を占拠する必要はない。**だけど人間はそうはいかない。ペーパーパーソンではいられず、どこかに住まわないわけにはいかないのが人間です。**ただ、技術的な状況が許せば、たくさんの普通の人々が、特定のところに定住しなくても生きていけるような社会がくるかもしれない。

国家よりも下位の地方自治体であっても、具体的な土地を離れては今のところありえない、というのがわれわれの現状ですが、それでも「住民なき自治体」というものの可能性はたまに見えます。大災害のときです。**東日本大震災、三宅島の噴火のときには、自治体がまるごと本来の土地を離れるということが起きました。**また、限界集落の問題は、自治体そのものの消滅の問題ですね。自治体は本当は消滅しているものもあるのだけど、合併などによって消滅していないことになってしまっている。そんなふうに、国はともかくとして、地方自治体のレベルでは土地から切り離されることはありうるわけです。

それが国まるごとになったらどうなるか？　小松左京*は『日本沈没』でそれをやりました。『日本沈没』の続篇『日本沈没　第二部』（谷甲州との共著）では、日本という国家は残っているんです。第二次大戦時のフランス亡命政府のように、国土はなく、国民は世界中に散らばっている。でも政府はちゃんといて、総理大臣も内閣もいる。非常に奇妙な変体的な国家です。[7]

日本がどうかはともかく、そういう国家が今後出現しうるでしょう。たとえばパレスチナは、そういうものの一種と考えられるかもしれません。

岡本　稲葉さんの話を聞いて、興味深いと思ったのは、「資本主義自体は相当に根強い、しぶといシステムだ」と明言されていることです。しかも、「向こう一〇〇〇年ぐらいのターム」という形で、具体的に示されているのも貴重な発言です。このあた

小松左京（1931-2011）
作家。広範な科学知識をもとに、文明論的な視座を持つスケールの大きな作品を多数発表した。『日本沈没』は一九七三年の作であり、同作で第二七回日本推理作家協会賞を受賞。他の著書に『復活の日』『継ぐのは誰か？』など。

りは、私自身、日ごろから疑問に感じていたことでもありますので、いくつか質問させてください。

まず、「資本主義の終焉論」あるいは「ポスト資本主義論」について、どのようにお考えなのか、お教えいただけたらありがたいです。といいますのも、「資本主義の終焉」や「資本主義の危機」といった議論がしばしば行なわれていますが、それらを読んでも、なかなか「資本主義の終わり」が見えないと日ごろ感じているからです。たとえば、シュトレークの『資本主義はどう終わるのか』を読むと、資本主義の抱えるさまざまな矛盾が指摘され、いかにも危機的状況のように書かれていますが、肝心の「どう終わるか」が論じられていないように見えます。

稲葉　ご指摘の通り最大の問題は、古典的なマルクス主義の没落後、結局のところ「資本主義が終わった後の、その次の社会経済体制」についての説得力のある議論が出てきてはいない、というところでしょう。まず規範的な問題として、資本主義に取って代わりうるような別の体制についての確固たる展望がない限り、「資本主義を終わらせよう」という志向は無責任なものとして**道徳的に断罪されます**。次にそうであれば事実的なレベルでも、「資本主義に取って代わるものを打ち立てよう」という運動がきちんと確立して支持され、一定の成果を上げるということが期待できなくなります。

そうなると「資本主義が終わる」論はほとんど「現在のグローバルな人類文明が自壊する」という以上の意味を持たなくなってしまいます。もちろんこれはこれで大いにありうることでしょうから、まじめに議論すべきなのですが、**大半の「資本主義が終わる」論者はその辺の覚悟を欠いているのではないでしょうか。**

「資本主義の内部と外部」といった語り口、それは主としてローザ・ルクセンブルクに由来するものではないかと私は考えており、その問題性については新著『「新自由主義」の妖怪——資本主義史論の試み』[8]でも論じているところですが、資本主義崩壊論につきましても、かつてのマルクス主義におけるような、内在的な要因によって崩壊する、という議論と、外側からの何らかの制約や障害によって崩壊する、という議論は分けるべきでしょう。

ここで一つ大きな問題となるのは、いわゆる環境問題、地球環境の制約、資源の有限性や生態系の不安定さといった問題によって資本主義——というよりそれに支えられた人類文明が崩壊する、というたぐいの議論は、果たしてこのどちらに位置づけられるべきか、ということです。私は基本的にはこの問題は外在的な制約であり、かつ原理的には（実際にはともかく）資本主義的市場経済で対応可能な問題だと思います。（基本線については『「資本」論——取引する身体／取引される身体』[9]以来なんども論じました。資源節約的な技術革新を進め、果ては**人間自身も資源節約的な存在へと**

自己改造していけばよい、という理屈です。）人によっては、この環境制約をも「資本主義の内的矛盾」として論じたがるようですが、それは混乱した議論だと私は考えます。

ここまでくると「人間にとって資本主義とは何か」から、高橋洋児《たかはしようじ》*先生がおっしゃったように「資本主義にとって人間とは何か」[10]へと問いの方向を変えねばなりませんが。

岡本　稲葉さんのお答えについては、私自身とても納得のいくものです。また、環境問題に関していえば、私も資本主義にとって外在的要因だと思いますので、環境問題を解決（？）するためには、資本主義を変える必要があるとは思えません。ただこの点については、これ以上付言するつもりはありません。

そこで、せっかくですので、稲葉さんにもう少しお伺いします。それは、内在的要因としてどんなことが考えられるのか、という問題です。今回の話からすると、「格差」ということになるのでしょうか。

稲葉　資本主義を自己崩壊に追いこむ、とはいかなくとも深刻な危機に陥らせる内在的要因としては、このレクチャーの文脈ではやはり不平等ということになります。ピケティの見立ては、一九世紀から二〇世紀初めまでにおけるこの問題への対応として、福祉国家化が進行した、というものであり、彼の**グローバル資産課税**の提言は、ある

高橋洋児
（1943-）
経済学者。静岡大学名誉教授。マルクス経済学を基盤に現代の経済理論を構想。著書に『物神性の解説』『過剰論』など。

意味この対応のグローバルなスケールでの反復をねらっているわけです。

なぜ、資本主義市場経済の発展にほとんど必然的に随伴する不平等化が、同時にまた資本主義にとっての危機を意味するか、を考えてみますと、資本主義経済は富の分配の不平等を許容するどころか拡大さえしますが、他方で**公共圏としての市場への参加のチャンスの方は平等に開放しておかないと、市場という仕組み、資本主義体制自体への支持が崩れてしまう**わけです。

「公共圏としての市場への参加のチャンスの平等な開放」とは具体的にいえば、「プライバシーや営業上の秘密、あるいは「知的財産」はともかく、誰がどこで何をいくらで売っているのか、といった公開情報については、誰でも自由に(妨害されることなくかつ無料で)アクセスできる」といったところで、理論経済学における「完全情報」とか「完全競争市場」といった想定にも反映されています。「法の下の平等」が貫徹される司法制度や行政機構、誰でも自由に往来できる公道、やはり誰でも自由に、安価に利用できる郵便や電話などの公共通信、上下水道や電気・ガスなどのライフライン、こうしたものが私有財産制度の外、したがって市場経済の外にあり、市場経済がうまく機能するための前提条件として、市場における営利企業とは別のやり方で経営されていること――「政治と経済の分離」がきちんと行なわれ、市場経済における強者、営利的企業活動における強者、富者によって、市場経済の外枠であり基礎である公共圏、公権力が私物化されていないこと。この条件が満たされている限り、市場経済の中での不平等化が、市場経済体制の正当性を掘り崩す恐れは少ないでしょう。

しかしながら過度の不平等化の進行は、富者の間に公共圏、公権力の私物化への誘惑を掻き立てるかもしれませんし、あるいは気づかぬうちに実質的私物化が進行するかもしれません。あるいはそうした富者による簒奪《さんだつ》への警戒心が、逆に貧困者の間でも、市場経済への支持を掘り崩すこともありえます。**かつての社会主義革命、あるいはそれを含めた広い意味でのポピュリズムの展開は、そうした可能性を示唆します。**

まったくオリジナリティはないですが、まずはこの程度のことはいいえると思います。

岡本 ありがとうございます。もう一つ、最近話題になっている「仮想通貨」についてもお伺いしたいと思います。資本主義にとって、仮想通貨の持つ意味、あるいはその可能性ないし射程は、どのようなものだとお考えでしょうか。これは、資本主義に対して、なんらかの内在的な要因となるのでしょうか。

稲葉 いわゆる仮想通貨、暗号通貨、その背景技術としてのブロックチェーンという仕組みはそれ自体としては極めて興味深いものです。帳簿をつける、取引を記録するという営みのありかた、企業の経営、ひいては取引の、流通の、そして生産のありようそのものの変革に大きく寄与するでしょう。ただし**それが従来の貨幣に取って代わ**

る新しい何か、つまりは新時代の貨幣になるか、といわれると、私自身は否定的です。

貨幣の本質論などを云々してもあまり生産的ではないのですが、ここで紙幣を基準にものを考えるとしましょう。紙幣、手形、為替のたぐいは要するに信用の証票であり、この紙なり書付なりを持っていけば、発行者が必ず価値あるものと取り換えてくれる、という信頼があるからこそ、それ自体もまた価値あるものとして流通します。発行者のことを誰でもがよく知っていて、かつ深く信用しているならば、それは発行者との間での取引関係を超えて、発行者を信頼する任意の誰との間でも取引可能となります。

われわれの管理通貨制の下では、この後ろ盾となる発行者は主権国家であり、主権国家が最終的にその価値を裏書きする中央銀行券という紙幣は、人々の国家に対する信頼に支えられています。とはいっても、そこで信頼されているのは実際には、狭い意味での国家、政府の統治権力、いざとなれば人々から税を集め、財産を接収する権力だけではありません。むしろそれ以上に、国家の統治権力の下にあり、税源となる国民経済全体の健全性への信頼が大きいといえましょう。

このような中央銀行券という仕組みは比較的新しいものであり、それに先行していたのは、いうまでもなく民間の銀行が発券するローカルな紙幣、貨幣です。そうしたローカルな銀行券に対する信頼は、当然に、直接的には銀行の経営の健全性に対する信頼ですが、その背後にさかのぼれば、銀行と取引関係にあるあらゆる企業や人々の経済活動の生産性、健全性に対する信頼があるといえましょう。

しかしながらこうしたローカルな紙幣は、発行主体への信頼が崩れてしまえば、あっという間にその価値を失ってしまいます。ですから「「銀行の銀行」としての中央銀行を政府機関として立て、中央銀行券に、主権国家内での紙幣としての地位を独占させる」という管理通貨制の確立以前は、このような**信用貨幣**としての紙幣より、貴金属通貨をはじめとする**商品貨幣**が一般的でした。すなわち、紙幣とは異なり、それ自体としてある種の使用価値（美麗さ等）を持つが、耐久性に富み加工もしやすく、保存性のある計算単位として使いやすいコモディティ（各単位が均質で無個性な商品）を貨幣として用いる、というやり方が優越していました。

信用貨幣にせよ商品貨幣にせよ、その由来はともかく、その機能、働きにおいては基本的に大差はありません。『「新自由主義」の妖怪』でも論じたように、貨幣こそがマクロ経済を出現させます。**貨幣という媒体を通じて、人々はある時点での経済活動全体を売り買いすることができます。**今年稼いだお金を使わずにためこんで、次の年に使うということは、今年の経済活動全体＝マクロ経済と、来年のそれとを交換する、ということです。

しかしながら信用貨幣と商品貨幣とでは、その由来は大きく異なります。信用貨幣の方は、非常に大きくいえば、なぜそれがその機能においてマクロ経済を実現させられるのか――すなわち、なぜ市井《しせい》に生きる普通の人々が、個々の商品ではなくマクロ経済全体を取引の対象とできるのか、といえば、信用貨幣を発行した銀行に対する信頼があるからであり、ひいてはその銀行とかかわるあらゆる経済活動の生産性と健全性への信頼があるからです。ですから、社会的連帯とか、政治的安定とかいったものへの信頼が失われれば、直接の発行主体たる銀行や国家の統治権力が直ちには崩壊していなくとも、信用貨幣の機能は損なわれてしまいます。

ところが商品貨幣の場合には、その価値の少なくとも一部は、その使用価値に、ひいては物理的な性質に支えられていますので、経済活動を支える社会的な連帯や政治的安定が損なわれても、その価値が毀損《きそん》する度合いは紙幣よりも少ないわけです。というより、そうした危機の局面においては紙幣よりもその価値を相対的に上げることはいうまでもありません。

金のような貴金属貨幣、商品貨幣だって、銀行券のような信用貨幣と同様、ある日いきなり、それを使っていたすべての人が「**こんなものを価値あるものと思いこんでいたなんて馬鹿みたいだ、やーめた**」となってそれを使ったりためこんだりすることをやめてしまえば、貨幣として機能できなくなる点では違いありません。しかしながらそれは貨幣としての価値を失っても、例えば貴金属の場合にならば装身具としての価値や化学工業的な価値は失いませんし、銀行券の場合と異なり、その流通範囲はローカルな地域経済や国民経済の範囲を超えます。**全人類が一度に「やーめた」となることは、信用貨幣に比べて、格段にありそうもない**わけです。

さて、話が長くなりましたが、仮想通貨の問題に入りましょう。仮想通貨の信頼性の由来は、その直接的な使用価値にはありませんし、物理的性質にもありません。その信頼性の根拠は、その根拠となっている数学と、そしてそれを通貨として用いる経済主体たち、企業や人々の経済活動の生産性、成長性、健全性などに対する信頼です。このようにして見ると仮想通貨とは、信用貨幣よりは商品貨幣、貴金属貨幣のほうに似通っています。

仮想通貨というものは、その一つ一つの中に、それまでその通貨を用いた取引すべての記録が暗号化されて刻印されています。その意味では、その価値、信用、通用性の由来は、信用貨幣と同様に、それにかかわった人々の経済活動です。しかし、信用貨幣の場合には、貨幣の一つ一つにそうした活動実績の記録が書きこまれているわけではなく、ただこれまでたくさんの経済取引を媒介してきた金融機関、そして政府が「この紙幣の裏側には膨大な経済活動があるのだから信用しなさい」と暗黙の裡に語りかけているだけです。それに対して仮想通貨には、具体的にその記録をいちいち書きこまれているわけです。この具体性が、物理的実体を欠くにもかかわらず、ローカルな経済圏を超えた普遍的な流通可能性の根拠となります。

そうである以上仮想通貨の――というより、仮想通貨を軸に営まれる貨幣経済の抱える問題、弱点もまたかなり明らかでしょう。**つまりそこでは、マクロ経済政策の自由度が著《いちじる》しく低くなるのです。**経済活動をコントロールするために、発行主体が貨幣の総量を操作する――ということがそこでは困難となります。

代表的な仮想通貨であるビットコインの場合はあまりにもあからさまで、ビットコインはその価値を確保するために、その総発行量の上限があらかじめ定められていま す。もちろんこうした限界は技術的にいくらでも動かすことはできるでしょうが、そうなると既存の銀行券との違いがよくわからなくなってしまいます。

現在のところ仮想通貨は、投機商品として扱われ、普通の人々が安心して使える「貨幣」としては機能していないわけですが、それには応分の理由があると考えています。

BOOK GUIDE

資本主義について
理解を深めるための
ブックガイド

Capitalism

最近の資本主義に関する入門的な本

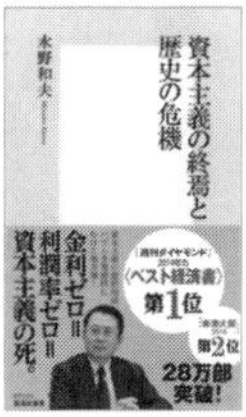

『資本主義の終焉と歴史の危機』

水野和夫　2014　集英社新書

資本主義の歴史を数百年単位で考察し、金利や利潤率の低下にもとづいて資本主義の終焉を予言して、ベストセラーとなる。その後は、どうなるのか？

『貨幣という謎
—金《きん》と日銀券とビットコイン』

西部忠　2014　NHK新書

貨幣が仮想化する現代を見すえて、「貨幣とは何か」を論じている。同じ著者の『資本主義はどこへ向かうのか——内部化する市場と自由投資主義』もおすすめ。

『世界共和国へ
――資本＝ネーション＝国家を超えて』
柄谷行人　2014　岩波新書

マルクス理論を批判的に検討しつつ、ネグリ＝ハートの『〈帝国〉』の問題提起を継承し、21 世紀の現代においていかなる社会構想が可能であるかを探究する意欲作。

現代の資本主義社会の現状を考えてみる

『文明の衝突（上・下）』
サミュエル・P・ハンチントン
鈴木主税訳　2017　集英社文庫

フランシス・フクヤマの『歴史の終わり』の社会予想に異を唱えつつ、リアルな政治感覚にもとづいて来たるべき世界を展望した。フクヤマの本と併読をすすめる。

『マルチチュード（上・下）
――〈帝国〉時代の戦争と民主主義』
アントニオ・ネグリ、マイケル・ハート
幾島幸子訳　2005　NHK ブックス

前作『〈帝国〉』で世界的な流行を引き起こした著者たちの続篇。前作よりも、より具体化した問題を取り扱っているが、それほど話題とならなかった。その理由はどこか？

『なぜ私たちは、喜んで
“資本主義の奴隷”になるのか？
――新自由主義社会における欲望と隷属』
フレデリック・ロルドン
杉村昌昭訳　2012　作品社

マルクスとスピノザにもとづきながら、「欧州で熱狂的に支持」された資本主義論。一つの社会変革の可能性として読むのがいいかも。

いまこそ貨幣をめぐる謎を解き明かそう！

『貨幣論』
岩井克人　1998　ちくま学芸文庫

マルクスの貨幣論に寄り添いながら、より広い観点から貨幣の謎に迫る力作。初出は1993年であるが、仮想通貨が出現した現代から見ても先進的な議論。

『21世紀の貨幣論』
フェリックス・マーティン
遠藤真美訳　2014　東洋経済新報社

邦訳タイトルは少し“何番煎じ”臭いが、従来の貨幣論を覆す興味深い内容が展開されている。現代的な視点から「6000年の歴史」が見直されているので、邦題も悪くないかも。

『政治学』
アリストテレス
山本光雄訳　1961　岩波文庫

貨幣についての議論は、基本的にはこの本から始まっている。プラトンの『国家』批判も含めて、何度読み返しても面白い。

『負債論―貨幣と暴力の5000年』
デヴィッド・グレーバー
酒井隆史監訳　2016　以文社

世界的ベストセラーで、一昨年翻訳されて話題となったもの。書評で、「新鮮、魅力的、挑発的」という言葉が躍る。大きい本だが、じっくり楽しみたい。

資本主義を別の仕方で見直すために

『終焉の時代に生きる』

スラヴォイ・ジジェク
山本耕一訳　2012　国文社

ご存じ、現代思想のヒーローが基本的な方向性を示すために書いている。いつものように大部であり、あまり浸透しなかった（ようだ）。手っ取り早くいえば、本書の新書版が『ポストモダンの共産主義』。

『経済の文明史』

カール・ポランニー
玉野井芳郎・平野健一郎編訳　2003　ちくま文芸文庫

ポランニーの主著としては『大転換』かもしれないが、気軽に読むには文庫版のポランニー・コレクションのこの本から読むのがいい。

『隷属への道』

フリードリヒ・ハイエク
西山千明訳　2008　春秋社

第二次世界大戦末期に書かれたこの本は、いまでは古典的な扱いとなっているが、まだ読んでいない人にはおすすめ。

『近代世界システム（Ⅰ・Ⅱ・Ⅲ・Ⅳ）』

イマニュエル・ウォーラーステイン
川北稔訳　2013　名古屋大学出版会

米社会学者として著名なウォーラーステインが、近代の資本主義の歴史を巨視的な観点から描き直したもの。将来への展望が開けるかも。

第8講

「世界」と「国家」、そして「個人」のこれから

プラトンの過激な国家論

岡本　「PART3　資本主義社会のゆくえ」では、現在の資本主義経済を形づくる「国家」とはどういう存在で、今後どのように変容していく可能性があるのか、というところに話が行きつきました。そこで今回はまず、そのことについてさらに考えていきます。国家（の終焉《しゅうえん》）というものを、哲学者たちはどうとらえてきたのでしょうか。

はじめにご紹介しておきたいのは、プラトンの国家論です。[1]

プラトンは『国家』のなかで、人間の魂の三区分と国家の階級区分を提示しています（図17）。こうした分類にもとづく理想国家を、プラトンは「**美しく調和的な統一体**」と表現しました。個々人の自由は基本的には考慮されないわけなので、全体主義国家ではないかと批判されることもあります。

理想国家をつくるにあたって、プラトンは二つの提案を行ないます。

その一、**男女の完全平等**。現代では「差別は認めないけれども区別は認める」というのが「男女平等」の実質ですが、**プラトンは区別も認めないんです。**

プラトンいわく「**男子が裸で体操するとすれば、女子も同じことをすべし**」。プラ

図 17　魂の三分説と国家の三階級

魂	理知的部分	気概的部分	欲望的部分
徳	知　恵	勇　気	節　制
階　級	統治者階級	防衛者階級	生産者階級

トンは、なぜ区別を認めるのかという話をマジでいうんです。プラトンは、差別をなくせではなく、区別をなくせと主張します。差別があるのは区別があるからだと。おそらく、トイレの区分など、現代においてエチケット上男女が分けられていることについても、プラトンは「いっさい区別をなくせ！」と主張するでしょう。

もう一つの提案が、**婦人と子どもの共有制**。プラトンの最も過激な主張です。

プラトンは、国家においては個人的な家族制を認めず、婦人の共有を主張しました。誰が誰の奥さんであるとか、こんなことは認めないと。これは婦人の共有であるとともに、女性から見れば男性の共有です。要は**特定のパートナーを持たずに、男女多様な性関係をとりむすぶ**ということ。また、その結果生まれた子どもは、誰が父親かわからず、それを特定するすべもないのだから、国家において共同で子どもを養育したらいいだろうと。

男女の完全平等が近未来的だとして、これは本当に未来的でしょうか。ナチスはこれを一部実行しようとしました。オルダス・ハクスリー*の小説『すばらしい新世界』がこれに近いかもしれません。[2]

賛同する・しないはともかくとして、プラトンの主張をおさえておくと、国家のあり方を考える一つの手がかりになるかと思います。

グローバリゼーションの行きつく果て

岡本 プラトンの時代から二〇〇〇年以上を経て、哲学者は「国家の終焉」論をさまざまに唱えるようになっています。

第6講では、ネグリとハートの帝国論を少しご紹介しました。彼らの著書『〈帝国〉』は、二〇世紀末のグローバリゼーションを背景に書かれました。[3] 国家が強大化のために領土を求める帝国主義の時代は終わりを告げ、**人や金、モノ、情報の地球規模の拡大（グローバル化）**が進んでいる——そうした動きに対応したグローバルなネットワークを、彼らは〈帝国〉と呼びました。逆に、国家の役割は次第に縮小していくと想定されています。

『〈帝国〉』は世界にセンセーションを巻き起こし、国家の消滅ということがメディアでも盛んに論じられました。しかし、実際の世界はこの見立てどおりにはなりませんでした。ご存じのとおり、アメリカでもヨーロッパでも、金融危機などを経て、ブ

***オルダス・ハクスリー**（**1894-1963**）
イギリスの作家。『すばらしい新世界』は一九三二年の作。人間が受精卵の段階から徹底的に管理される未来社会を描き、ディストピア小説の源流となった。

ロック化のような形で、**国家への強い回帰現象**が起きたのです。グローバル化よりも、むしろ国家の力を取り戻すという発想が出てきました。

また、『〈帝国〉』の問題設定自体にも、曖昧さがありました。帝国とは何か、明確に規定できなかったのです。アメリカの覇権主義が幅をきかせるソ連崩壊以降の状況があったので、多くの読者はアメリカをイメージして読んだのですが、**ネグリとハートは〈帝国〉とは「アメリカ帝国」のことではないと明言しています。**では具体的に何を指示しているのかというとはっきりと語っておらず、何をどのように打倒していけばいいのかがわかりません。

こういったことがあったので、数年後には彼らのアイディアは話題にされなくなりました。グローバリゼーションの行きつく果てに国家が終焉するという発想はうまくいかないようです。

マルクスの盲点

岡本　思えばマルクスの理論もまた、これと似たような問題を抱えていました。

マルクスは、国家とは支配者階級が被支配者階級を抑圧するための暴力装置であり、資本主義の解体とは、階級支配全体の終焉だと規定しました。ところが、現実には社会主義国家は巨大な国家権力を持ちました。

しかも、二〇世紀に入り最初に社会主義革命が起きたのはロシアでした。農奴制を脱してまだそれほど経過していない時代です。**資本主義がほとんど発展していなかった社会で革命が起きたのです。**歴史はマルクスの描いたとおりには進みませんでした。

資本主義よりも素晴らしい社会が可能なのかというと、マルクスは具体的な形でそれについてほとんど語っていません。むしろそれを語ろうとした人を理論闘争でどんどんつぶしてしまったのです。

マルクス主義者が自分たちの理論を形成するときには、他にもさまざまな社会主義の理論がありました。マルクス主義者はそれらについて、科学的な分析にもとづかないユートピア論であると批判し、自分たちの社会主義理論が一番正しいと理論闘争していた。

『経済学批判』でも『資本論』でも、マルクスはほとんどユートピアについて書いていません。そのため、資本主義に代わる社会のイメージが描けないのです。

リベラリズムvs.リバタリアニズム

岡本 マルクスとは違い、積極的にユートピアを構想したのが、ロバート・ノージックの最小国家論です。彼の主著『アナーキー・国家・ユートピア――国家の正当性とその限界』は、二〇世紀に出た本ではピカイチに面白い本だと思います[4]（第1講でご紹介した有名な「経験機械」の思考実験もこのなかに登場します）。

ノージックは**リバタリアニズム（自由尊重主義）**の立場から、国家の役割を最小限にとどめることを提唱しました。これは、ジョン・ロールズ*の唱える**リベラリズム（自由主義）**に異を唱えるものでした。一九七〇年代のいわゆる「リベラリズム論争」です。

ロールズのリベラリズムは、経済政策としては平等主義や福祉主義をとり、国家の役割を重視します。「リベラル（自由）」という言葉からは、一見意外に思えるかもしれません。ここを理解するには、歴史的な流れを追う必要があります。

ロールズの主著『正義論』で説明されているように、彼の考え方は、アメリカでは一九三〇年代から伝統的に存在してきた考え方に依拠しています[5]。

三〇年代には、アメリカ大恐慌の影響で、貧しい人がたくさん出てきました。彼らを救済して、「自由な」生活を取り戻してあげるというのが、ロールズのいうリベラリズムの発想です。**自由放任主義（個人の自由な経済活動を重視して、国家は介入しないという考え方）ではなく、再分配や累進課税といった経済政策により弱者を救済する。こうした立場に対してリベラリズムという言葉が使われるようになりました。**

ジョン・ロールズ（1921-2002）
アメリカの哲学者。ハーバード大学教授を務めた。一九七一年に『正義論』を発表し、リベラリズム（自由主義）の立場から正義の原理を論じた。他の著書に『公正としての正義』など。

図 18　政治思想の分類（ノーラン・チャート）

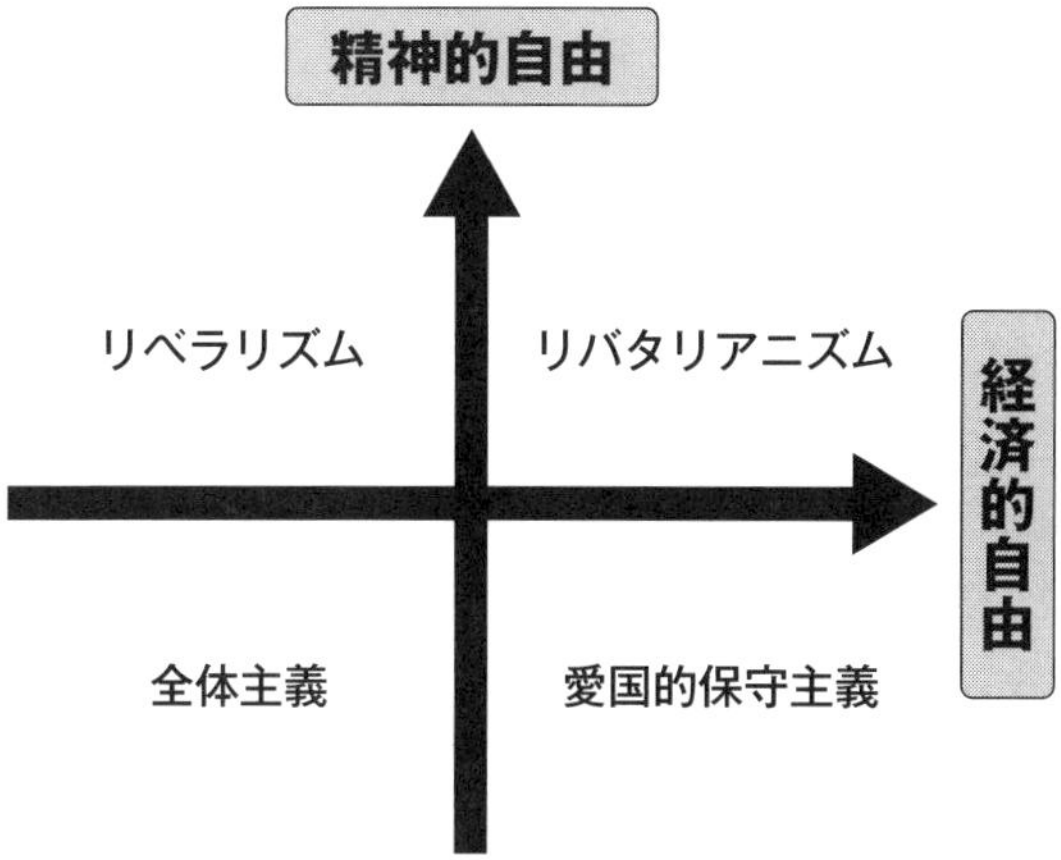

アメリカでは、原則的には民主党が、リベラリズムの方向を持っていました（現在はずいぶん変わってしまいましたが）。「リベラリズム」という言葉にはこうした意味合いがすでにあったため、政府が介入をしない自由尊重主義について、アメリカではわざわざ「リバタリアニズム」と呼ぶようになったのです（図18）。

税金とは政府による収奪？

岡本　リバタリアニズムは、第6講でご紹介した**ミルやロックの自由論を地で行きます。**「他人に迷惑をかけなければ何をしたっていいだろう」「私が働いて得たものは私のものだから、弱者救済のために税金としてとられるのは泥棒と同じだ」という考えです。

他人のものを盗む・騙す・暴力を加えるといった、不正な手段で財産を奪い取るなどの不正は認められないけれど、自分が正当な形で働いて得たものに関しては、当然自分のもの。税金とは政府による収奪に他ならないので、受けたいサービスは必要なぶんだけ自分たちで買い入れる。警察に治安を任せるのではなく、各々でガードマンを雇い入れる。**基本的にはすべて私営・民営です。**リバタリアリズムは「**小さな政府**」を目指します。

これに対して、リベラリズムが目指すのは「**大きな政府**」です。さまざまな政策をとるために、税金を徴収する。両者の目指すものは大きく違うので、選挙のときにもいろいろな対立項が出てくるわけですね。

アメリカでは共和党が、経済問題に関していえばリバタリアニズムを伝統的に支持しています。ただし政治的には保守主義です。**リバタリアニズムですべての問題を考えるならば、同性愛や中絶も全部OKとなるはず。**ところが、共和党のドナルド・トランプ大統領は「LGBTが米軍に入隊することを認めない」とコメントしました。

純粋なリバタリアニズムは、政治的にも道徳的にも経済的にも自由を最大限に尊重するというのが原則です。**その完全リバタリアニズムの思想を打ち出したのが、ノージックでした。**国家の役割を最小にし、公的な機関をほとんどすべて民営化しようというわけです。

このリバタリアニズムの考えをもとに、ノージックはユートピア的なコミュニティ論を展開したのです。たとえば、**ロック音楽が好きな人の村、ヌーディストの村など、出入り自由な民営のコミュニティ**をつくって暮らそうと主張します。

彼の考えたこのユートピアは実現可能だと思いますか？

女性A　人間は「自分は何者か」というアイデンティティを求めたがります。そうした欲求は国家と強く結びついているので、その点が問題になるのではないでしょうか。

岡本　それは重要な論点ですね。出入り自由といっても、実際には結束を重んじ、出て行くことを拒否するコミュニティがあらわれるかもしれません。

また、コミュニティ同士は絶対に対立しないでしょうか。コミュニティは拡大を目指す傾向があるでしょう。そのとき、弱肉強食的な対立が起こる可能性は？　ノージックは、コミュニティ間の対立が起きたときには、それを仲裁する中央機関が必要だといっています。ならば、その中央機関を統括するのはどこになるのでしょうか。

その点について、ノージックは論じていないんです。大きなコミュニティが小さなコミュニティを飲みこむ、そしてついには中央機関を乗っ取る……こうした問題が起きないように利害関係を調整するための仕組みについては、彼ははっきりと述べていません。

このように、代表的な「国家の終焉」論を見ていくと、どれも十全とはいえず、むしろ国家はなかなか終わりそうにないようにも思えてきます。では、ビットコインなどの新たなテクノロジーによって、国家がいよいよ「終わる」のかどうか。ここでご紹介した哲学者たちの議論を参照しつつ、みなさん自身であらためて考えてみてください。

世界は存在しないのか？

岡本 ここまで「国家」の話をしてきましたが、最近は国家どころか、「世界は存在しない」と主張する哲学者が話題です。第4講でもご紹介した、マルクス・ガブリエルです。

「**世界は存在しない**」「**世界以外のものはすべて存在する**」——彼が書いた『なぜ世界は存在しないのか』はこの二つを証明する試みであると、ガブリエルは述べています[6]。

植物も、夢も存在する。水を流したときの音、一角獣（ユニコーン）も存在する。進化といった抽象概念も存在する。しかし、世界だけは存在しない。これが彼の主張です。

では、ガブリエルがこのようにいうときの「世界」とは、いったい何を指すのか。彼は「世界」という言葉を、次の二点で定義します。

第一に、最も大きな領域を指す概念であること。物理的な「宇宙」よりももっと大きな概念ということになります。

第二に、モノではなく事柄の総体であること。これは、ウィトゲンシュタイン*が『論理哲学論考』でまずもって提起した重要な命題です。[7] 椅子や机、パソコンなどは「モノ」です。「こと」とは、「AはBである」とか、「AはCをする」のように、一つの文で表現される事柄を指します。それら事柄を全部まとめたものを「世界」と呼ぶ、というわけです。

ガブリエルの独自性は、事柄の総体という、ウィトゲンシュタインの「世界」概念に対して、「意味の場」を付加した点にあります。ガブリエルによれば、「AはCという意味の場において B である」。

たとえば、ユニコーンは神話世界において存在するし、私が見た夢は私自身の記憶に残るものとして存在するということです。それらは物理的な意味では存在しなくても、他の意味の場においてたしかに存在している。ガブリエルがこうした立場から現代哲学の自然主義的転回を批判しているのは、第4講でお話ししたとおりです。

どんなものも無条件に存在しているのではなく、「Cという意味の場において」存

ルートヴィヒ・ウィトゲンシュタイン（1889-1951）
オーストリア出身の哲学者。ケンブリッジ大学教授を務めた。言語哲学や分析哲学の発展に多大な影響を与える。著書に『論理哲学論考』『哲学探究』など。

在している。では、世界もまた「Cという意味の場において存在する」のでしょうか。「Cにおいて」というならば、Cは世界より大きいはずです。しかし、これは「世界」の定義その一に反することになります。世界はすべての意味の場を包括するからです。

したがって、そうしたCは存在しません。そして、Cが存在しないのならば、世界が存在することはできない。これが、ガブリエルのいう「なぜ世界は存在しないのか」の意味です。

ポストモダンとの違いは？

岡本　ただ、こうした説明で「世界が存在しない」といわれても、ストンと腑に落ちるわけではないでしょう。「世界」についての定義から、いわば自動的に結論が出てくるようになっていて、形式的な論証のように感じます。そもそも、「世界」についての定義自体が、問題をはらんでいます。

その点はいまは問題にしないとして、ガブリエルの主張に対して、少しだけコメントしておきたいと思います。まず第一点は、「世界」以外のすべてが存在するということについて、**これではポストモダンの「なんでもアリ」と同じではないか、という**

印象を受けます。 ガブリエルの新実在論は、ポストモダンを批判するのですから、これに対しては説明が必要ではないでしょうか。

それと関連して、第二点として、それぞれの「意味の場」の違いをもっと明確にすべきでしょう。**自然主義を批判するあまり、科学的な意味の場とそれ以外の意味の場が、ほとんど同等に論じられていますが、それは大いに問題があります。** 自然主義を批判するにしても、もっと具体的に議論する必要がありそうです。

それでも、二一世紀になって、新たな哲学の議論が生まれ、今後の可能性を示したことはとても貴重だと思います。

分人主義とコントロール社会

岡本　「国家」「世界」とスケールの大きな概念について話してきましたが、最後は「個人」について考えてみましょう。みなさん一人一人が、他人や社会とどのように関わるか。この問題を、本講座の締めくくりとしたいと思います。

この問いを考えるとき、ジル・ドゥルーズが提唱した「**分人主義**」が非常に示唆的です。

分人(dividuals)とは、個人(individual)に対置される概念です。作家の平野《ひらの》啓一《けいいち》郎《ろう》*さんが二〇一二年に発表してベストセラーになった新書『私とは何か――「個人」から「分人」へ』でご存じの方もいるかもしれません。[8]

人間は従来、それ以上その人を分割することができない個人として考えられてきました。ところが、情報通信テクノロジーの登場などにより、必ずしもそうではないことが顕在化してきます。たとえばある人物について、Aという店ではBを買い、Cに行くとDという行動をするというように、その人についてのさまざまな情報をそれぞれの店や場所ごとに記録していくことができれば、そういうデータを全部まとめたものがその人である、ということになります。**人間は個人であると同時に、さまざまなデータとして記録された分人でもあるわけです。**

ドゥルーズは晩年、こうした分人主義の発想にもとづき、管理社会論に取り組んでいます。一九九〇年代のはじめ頃、生産中心から消費中心へと資本主義が移行し、さらにコンピュータやインターネットが登場しつつあるときに、コントロール社会の到来を予測したのです。[9]

人間は情報を絶えず発信し続ける動物であるから、それを記録してコントロールすることができる。ドゥルーズはそのように考えました。それも、いやいやながらコントロールを受け入れさせるのではなく、その人の情報を集めて、どのような行動をしているのかを記録し、どういう動きをするのかを予測することで、知らず知らずのう

平野啓一郎
(1975-)
小説家。一九九九年、『日蝕』で第一二〇回芥川賞を受賞。『決壊』(二〇〇八)以降、分人主義にもとづいた『ドーン』『かたちだけの愛』などを執筆。

ちに特定の行動をとるように仕向けることができる、と。

AIを使ったビッグデータの活用により、ドゥルーズのビジョンは今後ますます現実化していくことが予想されます。たとえば、ユヴァル・ノア・ハラリ*は『ホモ・デウス――テクノロジーとサピエンスの未来』のなかで、私たちはいずれ、あらゆる個人情報がデータベース化されたグーグルのカウンセリングサービスを相手に恋愛や仕事の相談をするようになり、「**人間は分割不能の個人である、個々の人間には自由意志があって、何が善で、何が美しく、何が人生の意味かをめいめいが判断するという考え方を、どうしても捨てざるをえなくなる**」と述べています。[10]

「十人十色」より「一人十色」

岡本　ドゥルーズはまた、『アンチ・オイディプス――資本主義と分裂症』という、ガタリ*とのコンビにおける初期の著作で、人間を「**欲望する諸機械**」とも呼びました。[11] これも分人という発想ですが、この場合、一人の人間の内にはさまざまな欲望が広がっているので、その人が果たして全体としてまとまりがあるのかどうかについては問う必要がありません。むしろ、さまざまな欲望をさまざまな方向に解き放ったほうがいい。

ユヴァル・ノア・ハラリ（1976-）
イスラエル人の歴史学者。ヘブライ大学教授。二〇一一年に発表した『サピエンス全史』は世界的ベストセラーになった。『ホモ・デウス』はその続篇にあたる。

フェリックス・ガタリ（1930-1992）
フランスの精神分析家。政治と精神分析の交点を舞台に活躍した。ドゥルーズの盟友。日本ではドゥルーズに比べて影が薄いが、『分子革命』『闘争機械』など単著も多数ある。

機械が他の機械と組み合わさることではじめて機能するように、他人の欲望とさまざまにつながりあっていくというイメージです。たとえば、私はいま「おしゃべりする機械」です。みなさんは「話を聴く機械」になっています。「居眠りする機械」になっている人は……いませんね（笑）。

これを、第6講でご紹介した「マルチエージェントシステム」と類比的にとらえることもできるでしょう。情報的な存在として個人を考えると、個人も実はさまざまな部分（欲望）に分かれていて、それらがインタラクトしているのだという見方です。

よく「十人十色《じゅうにんといろ》」といいますが、それって一人は一色しか持たないという意味ですよね。この人は黄色、赤色と、それを特性とか個性と呼んで、一人一人がみんな違った色を持っていると考えるのが十人十色です。この考え方では、個人は一色しか持てません。それに対して、**一人のなかに十の色、十の個性を認める「一人十色《ひとりじっしょく》」のほうが面白い。**これこそが分人的な発想です。

解体されゆく世界で

岡本　この発想にもとづいて社会を見渡してみると、新たな発見があります。

たとえば、民主主義の発想は、一人一人が一票を持っていて、一人の代表者を選ぶという考えです。でも、「この人の考え方のすべてに賛同するわけじゃないんだけど」と思ったり、代表者に対して「こんな人を選んだはずじゃなかった」と失望したりしたことがあるのではないでしょうか。「そもそも誰に投票したらいいのかわからない」という人が多いのは、自分の考えと完全に一致する政党がないからです。一つ一つの政策や方針に関しては、さまざまな意見があって当然です。

そう考えると、一人が一票を持って誰か一人を選ぶという発想はそろそろ変わるべきなのかもしれません。それは単に、インターネットを使ってさまざまな情報を発信できるというだけではなく、政治システムそのものを新たに構築し直すべきではないでしょうか。**個人を一つの単位とするシステムを再検討する必要が出てきている**のだと思います。

近代社会においては、学校は学校、職場は職場、軍隊は軍隊というように、それぞれの空間は閉鎖していて完結していて、相互に関係しあうことはありません。フーコー*は、こうしたあり方が近代的な規律社会の特徴であると分析しています。[12] デジタルな情報化社会は、こういう空間的な閉鎖性や完結性を解体するんだろうと思います。**仕事と学び、業種間の違い、専門家と素人の違い——そうした区別が消滅しつつあります。**

日頃ビジネスの世界でそれぞれ活躍されているみなさんが集まったこの哲学講座も、

ミシェル・フーコー（1926-1984）
フランスの哲学者、歴史学者。精神分析学の影響のもと、狂気・監獄・性など多様な対象を題材にしながら、近代をどうとらえるかを一貫して探究した。著書に『言葉と物』『知の考古学』『監獄の誕生』など。

こうした方向性ですよね。全八回、担当させていただきましたが、みなさんのおかげでここまでやってこられました。どうもありがとうございました。

あとがき

社会のなかで哲学の果たす役割を考えるとき、私は、この講座が一つの新しい時代を切り開くのではないか、とひそかに思っています。

ビジネスパーソンを対象とした「哲学講座」の企画について、私が最初に連絡を受けたのは、二〇一六年の一二月のことでした。『WIRED』日本版の当時の副編集長からメールをいただき、講座プログラムへの協力を要請されたのです。実をいえば、このとき私は、それほど真剣に受けとったわけではなく、むしろ半信半疑の気持ちに近いものでした。現在の大学教育のなかで、哲学の地盤沈下を日々経験していますので、「ビジネスパーソン」向けの哲学講座など、はたしてニーズがあるのか、自信が持てなかったのです。

それでも、当時の編集長や副編集長とお話しするうちに、「これは面白い企画になりそうだ！」と確信するようになりました。——**哲学は今まで、もっぱら大学でのみ教育されてきたけれど、こうした時代もそろそろ終わるのではないか。**歴史的に見れば、大学で哲学を教えてきたことのほうが、例外的ではなかろうか。もしかしたら、哲学教育の新たな幕開けになるかもしれない——こうして始まったのが、「ＷＩＲＥＤの哲学講座」です。

実際に講座を始めたところ、受講生のモチベーションは私の予想をはるかに超えていました。大学の講義では、学生からの質問や意見表明はあまりなく、静かに進んでいくという感じなのですが、この講座はまったく違っていました。議論が白熱して、発言を少し待ってもらうことも少なくなかったのです。予定の時間では講義が終わらず、たいてい超過してしまいました。

受講生はいずれも、日頃は社会人として各々の領域の第一線で活躍する方々でした。名前を出すのは控えますが、よく知られた企業や役所、研究所などに勤務し、重責を担っている方、あるいは新進気鋭の起業家など、講座修了の後で名刺をいただいて、たいそう驚いた次第です。また、大学時代に哲学科に在籍していた人や、現役の大学の研究者も参加していて、私のほうが「どうして参加したの？」と聞くほどでした。

全八回の講座を終えてわかったのは、受講生はみな、「哲学」に対して強い期待を持っていることでした。たしかに、テクノロジーの飛躍的な発展によって、今までの常識や考え方が有効性を失ってしまいました。——この現代の状況で、私たちはどう考え、生きていけばいいのか。社会のなかでテクノロジーにどう向かい合い、人間同士の関係をいかに形づくっていけばいいのか。**答えのないまま、問題が次々と立ち現われてくるこの時代において、「哲学」の課題はまだ消滅してはいません。**——この期待がまだ続いているうちに、「哲学」は現代社会に切りこんでいく道具を作り出していかなくてはならない、と私は思います。本書が、そのための第一歩になればと願っています。

最後になりましたが、本書を出版するにあたって、何よりも、この講座に参加し、熱心に議論していただいた受講生のみなさんに、心よりお礼申し上げます。また、ゲスト講師として参加し、専門的な話題を提供していただいた赤坂亮太氏・平川秀幸氏・稲葉振一郎氏に、深く感謝いたします。さらに、この講座を企画し、各講座をコーディネートしていただいた、『ＷＩＲＥＤ』日本版のスタッフの方々に、この場をかりてお礼申し上げます。

そして、この哲学講座を書籍化するという企画を立ち上げ、すべての講義に出席してくれた早川書房の若き編集者、一ノ瀬翔太氏に、厚くお礼申し上げます。書籍化にさいして、多大のご負担をかけてしまいましたが、そのおかげで、こうした形で本書を出版することができました。ありがとうございます。

岡本裕一朗

2. オルダス・ハクスリー『すばらしい新世界〔新訳版〕』大森望訳、ハヤカワ epi 文庫、2017 年
3. アントニオ・ネグリ＆マイケル・ハート『〈帝国〉』（前掲）
4. ロバート・ノージック『アナーキー・国家・ユートピア』（前掲）
5. ジョン・ロールズ『正義論　改訂版』川本隆史・福間聡・神島裕子訳、紀伊國屋書店、2010 年
6. マルクス・ガブリエル『なぜ世界は存在しないのか』（前掲）
7. ウィトゲンシュタイン『論理哲学論考』野矢茂樹訳、岩波文庫、2003 年
8. 平野啓一郎『私とは何か――「個人」から「分人」へ』講談社現代新書、2012 年
9. ジル・ドゥルーズ『記号と事件――1972-1990 年の対話』宮林寛訳、河出文庫、2007 年
10. ユヴァル・ノア・ハラリ『ホモ・デウス――テクノロジーとサピエンスの未来』上・下、柴田裕之訳、河出書房新社、2018 年
11. ジル・ドゥルーズ＆フェリックス・ガタリ『アンチ・オイディプス――資本主義と分裂症』宇野邦一訳、河出文庫、2013 年
12. ミシェル・フーコー『監獄の誕生――監視と処罰』田村俶訳、新潮社、1977 年

参考文献

第1講　哲学とは何か、現代の視点から見定める

1. ヘロドトス『歴史』上・中・下、松平千秋訳、岩波文庫、1971年
2. クロード・レヴィ＝ストロース『人種と歴史〔新装版〕』、荒川幾男訳、みすず書房、2008年
3. 外務省による仮訳（https://www.mofa.go.jp/mofaj/gaiko/udhr/1b_001.html）。
4. プラトン『国家』上・下、藤沢令夫訳、岩波文庫、1979年
5. ルネ・デカルト『省察』山田弘明訳、ちくま学芸文庫、2006年
6. アイリアノス『ギリシア奇談集』松平千秋・中務哲郎訳、岩波文庫、2003年
7. カント『道徳形而上学の基礎づけ』中山元訳、光文社古典新訳文庫、2012年
8. ロバート・ノージック『アナーキー・国家・ユートピア——国家の正当性とその限界』嶋津格訳、木鐸社、1995年
9. A・N・ホワイトヘッド『過程と実在——コスモロジーへの試論』１・２、平林康之訳、みすず書房、1981年
10. カント『純粋理性批判』１～７、中山元訳、光文社古典新訳文庫、2013年
11. ヘーゲル『法の哲学』Ⅰ・Ⅱ、藤野渉・赤沢正敏訳、中公クラシックス、2001年
12. ジル・ドゥルーズ&フェリックス・ガタリ『哲学とは何か』財津理訳、河出文庫、2012年
13. カント「諸学部の争い」角忍・竹山重光訳、『カント全集19』（岩波書店、2002年）所収
14. カント「啓蒙とは何か」中山元訳、『永遠平和のために／啓蒙とは何か 他３編』（光文社古典新訳文庫、2006年）所収

PART1　人工知能

課題図書解説：ダニエル・デネット『心はどこにあるのか』

1. ダニエル・C・デネット『解明される意識』山口泰司訳、青土社、1997年
2. ダニエル・C・デネット『思考の技法——直観ポンプと77の思考術』阿部文彦・木島泰三訳、青土社、2015年
3. ダニエル・C・デネット『ダーウィンの危険な思想——生命の意味と進化』山口泰司監訳、大崎博・斎藤孝・石川幹人・久保田俊彦訳、青土社、2000年
4. ダニエル・C・デネット『自由は進化する』山形浩生訳、NTT出版、2005年

5. ダニエル・C・デネット『解明される宗教——進化論的アプローチ』阿部文彦訳、青土社、2010年
6. ギルバート・ライル『心の概念』坂本百大・井上治子・服部裕幸訳、みすず書房、1987年

第2講　自動運転車に乗る前に考えたいこと

1. マイケル・サンデル『これからの「正義」の話をしよう——いまを生き延びるための哲学』鬼澤忍訳、ハヤカワ・ノンフィクション文庫、2011年
2. Ph. Foot, *Virtues and Vices*, Oxford, 2002
3. J. Thomson, *Rights, Restitution, and Risk*, Harvard U.P., 1986
4. たとえば、次の論文を参照。Hauser, M.D et. al. "A dissociation between moral judgments and justifications," *Mind & Language*, 22(1):1-21, 2007.
5. Ph. Foot, *Virtues and Vices*（前掲）
6. 同上
7. たとえば、Jean-François Bonnefon, Azim Shariff and Iyad Rahwan, "The social dilemma of autonomous vehicles," *Science*, Vol. 352, 2016
8. *Business Insider*, Mar 5, 2017
9. 日本語版のＵＲＬは以下。http://moralmachine.mit.edu/hl/ja
10. Michael Taylor, "Self-Driving Mercedes-Benzes Will Prioritize Occupant Safety over Pedestrians," *Car and Driver*, October 8, 2016. https://www.caranddriver.com/news/self-driving-mercedes-will-prioritize-occupant-safety-over-pedestrians
11. Jean-François Bonnefon, Azim Shariff and Iyad Rahwan, "The social dilemma of autonomous vehicles"（前掲）
12. ニック・ボストロム『スーパーインテリジェンス——超絶AIと人類の命運』倉骨彰訳、日本経済新聞出版社、2017年
13. ＢＢＣニュースのインタビュー。以下で視聴できる。https://youtu.be/fFLVyWBDTfo
14. ホルクハイマー＆アドルノ『啓蒙の弁証法——哲学的断想』徳永恂訳、岩波文庫、2007年（本文中の訳は表記を若干変更した）
15. G・W・F・ヘーゲル『精神現象学』上・下、樫山欽四郎訳、平凡社ライブラリー、1997年
16. Carl Benedikt Frey and Michael A. Osborne, "The Future of Employment: How Susceptible Are Jobs to Computerisation?" *Oxford Martin School Working Paper*, 2013. 野村総合研究所との共同研究は以下。https://www.nri.com/jp/news/2015/151202_1.aspx
17. マーティン・フォード『テクノロジーが雇用の75％を奪う』秋山勝訳、朝日新聞出版、2015年
18. マルクス『資本論　1』エンゲルス編、向坂逸郎訳、岩波文庫、1969年（全9巻）
19. マルクス『経済学批判』武田隆夫・遠藤湘吉・大内力・加藤俊彦訳、岩波文庫、1956年
20. アレクサンドル・コジェーヴ『ヘーゲル読解入門——「精神現象学」を読む』上妻精・今野雅

方訳、国文社、1987年
21. 同上
22. 東浩紀『動物化するポストモダン――オタクから見た日本社会』講談社現代新書、2001年
23. パスカル『パンセ』前田陽一・由木康訳、中公文庫、1973年

第3講　ＡＩの「責任」論

自動運転の法的問題や補償については藤田友敬（編）『自動運転と法』（有斐閣、2018年）、山下友信（編）『高度道路交通システム（ITS）と法――法的責任と保険制度』（有斐閣、2005年）に詳しい。

1. Kelley, Richard and Schaerer, Enrique and Gomez, Micaela and Nicolescu, Monica, "Liability in Robotics: An International Perspective on Robots as Animals," *Advanced Robotics*, Vol. 24, 2010
2. Samir Chopra and Laurence F. White, *A Legal Theory for Autonomous Artificial Agents*, University of Michigan Press, 2011、斉藤邦史「人工知能に対する法人格の付与」情報通信学会誌, 35(4) 19-27, 2018
3. 池上俊一『動物裁判』講談社現代新書、1990年
4. ピーター・シンガー『動物の解放　改訂版』戸田清訳、人文書院、2011年
5. Regan, T. *The Case for Animal Rights*, University of California Press, 2004
6. 道垣内正人『ポイント国際私法 各論（第2版）』（有斐閣、2014年）190頁では、会社は「透明ロボット」。
7. Neil M. Richards, William D. Smart, "How should the law think about robots?" *Robot Law*, Edward Elgar Publishing, 2016

PART2　バイオサイエンス

課題図書解説：ユルゲン・ハーバーマス『人間の将来とバイオエシックス』

1. ペーター・スローターダイク『「人間園」の規則――ハイデッガーの『ヒューマニズム書簡』に対する返書』仲正昌樹編訳、御茶の水書房、2000年

第4講　ゲノム編集時代の生命倫理

1. リー・M・シルヴァー『人類最後のタブー――バイオテクノロジーが直面する生命倫理とは』楡井浩一訳、NHK出版、2007年
2. *New Scientist*, February 28, 2003. https://www.newscientist.com/article/dn3451-

stupidity-should-be-cured-says-dna-discoverer/
3. F. Galton, *Inquires into Human Faculty and Its Development*, Macmillan, 1883
4. リー・M・シルヴァー『複製されるヒト』東江一紀・渡会圭子・真喜志順子訳、翔泳社、1998年
5. https://news.gallup.com/poll/21814/evolution-creationism-intelligent-design.aspx
6. リチャード・ドーキンス『神は妄想である――宗教との決別』垂水雄二訳、早川書房、2007年
7. ダニエル・C・デネット『解明される宗教』前掲書
8. ジョシュア・D・グリーン『モラル・トライブス――共存の道徳哲学へ』上・下、竹田円訳、岩波書店、2015年
9. P. Singer, "Ethics and Intuitions," *The Journal of Ethics*, Vol.9, 2005
10. マルクス・ガブリエル『なぜ世界は存在しないのか』清水一浩訳、講談社選書メチエ、2018年

第5講　科学技術の問題を誰がどのように考えたらいいのか

1. ラングドン・ウィナー『鯨と原子炉――技術の限界を求めて』吉岡斉・若松征男訳、紀伊國屋書店、2000年に詳しい。
2. Marris et al, Public Perceptions of Agricultural Biotechnologies in Europe (PABE), final report of EU research project, FAIR CT98-3844 (DG12 - SSMI), 2001
3. ハンナ・アーレント『人間の条件』志水速雄訳、ちくま学芸文庫、1994年（本文中の訳はオリジナル）
4. カウシック・S・ラジャン『バイオ・キャピタル――ポストゲノム時代の資本主義』塚原東吾訳、青土社、2011年

PART3　資本主義社会のゆくえ

課題図書解説：カール・マルクス『経済学批判』

1. フランシス・フクヤマ『歴史の終わり――歴史の「終点」に立つ最後の人間』上・下、渡部昇一訳、三笠書房、2005年（新装版）
2. スラヴォイ・ジジェク『ポストモダンの共産主義――はじめは悲劇として、二度めは笑劇として』栗原百代訳、ちくま新書、2010年
3. ヴォルフガング・シュトレーク『資本主義はどう終わるのか』村澤真保呂・信友建志訳、河出書房新社、2017年

第6講　ビットコインは国家を揺るがす

1. ミル『自由論』斉藤悦則訳、光文社古典新訳文庫、2012年
2. ロック『市民政府論』角田安正訳、光文社古典新訳文庫、2011年
3. エンゲルス『家族、私有財産および国家の起源』村井康男・村田陽一訳、大月書店、1954年
4. フェリックス・マーティン『21世紀の貨幣論』遠藤真美訳、東洋経済新報社、2014年
5. カビール・セガール『貨幣の「新」世界史――ハンムラビ法典からビットコインまで』小坂恵理訳、ハヤカワ・ノンフィクション文庫、2018年
6. デヴィッド・グレーバー『負債論――貨幣と暴力の5000年』酒井隆史監訳、高祖岩三郎・佐々木夏子訳、以文社、2016年
7. 岩井克人『貨幣論』ちくま学芸文庫、1998年
8. J.R.Searle, *The Construction of Social Reality*, Penguin, 1996
9. ルチアーノ・フロリディ『第四の革命――情報圏《インフォスフィア》が現実をつくりかえる』春木良且・犬束敦史監訳、先端社会科学技術研究所訳、新曜社、2017年
10. アントニオ・ネグリ&マイケル・ハート『〈帝国〉――グローバル化の世界秩序とマルチチュードの可能性』水嶋一憲・酒井隆史・浜邦彦・吉田俊実訳、以文社、2003年
11. ジョージ・バークリー『人知原理論』宮武昭訳、ちくま学芸文庫、2018年

第7講　「資本主義とは何か」とは何か

1. たとえば、ピーター・ドラッカー『産業人の未来』上田惇生訳、ダイヤモンド社、2008年
2. トマ・ピケティ『21世紀の資本』山形浩生・守岡桜・森本正史訳、みすず書房、2014年
3. ブランコ・ミラノヴィッチ『大不平等――エレファントカーブが予測する未来』立木勝訳、みすず書房、2017年
4. たとえば、ピケティ『21世紀の資本』を参照。
5. I・ウォーラーステイン『近代世界システム』I～IV、川北稔訳、名古屋大学出版会、2013年
6. ベネディクト・アンダーソン『定本　想像の共同体――ナショナリズムの起源と流行』白石隆・白石さや訳、書籍工房早山、2007年
7. 小松左京&谷甲州『日本沈没　第二部』上・下、小学館文庫、2008年
8. 稲葉振一郎『「新自由主義」の妖怪――資本主義史論の試み』亜紀書房、2018年
9. 稲葉振一郎『「資本」論――取引する身体／取引される身体』ちくま新書、2005年
10. 高橋洋児『物神性の解読――資本主義にとって人間とは何か』勁草書房、1981年

第8講　「世界」と「国家」、そして「個人」のこれから

1. プラトン『国家』（前掲）

編集協力　矢内裕子

答《こた》えのない世界《せかい》に立《た》ち向《む》かう哲学講座《てつがくこうざ》
ＡＩ・バイオサイエンス・資本主義の未来

2018年11月10日　初版印刷
2018年11月15日　初版発行

＊

著　者　岡本裕一朗《おかもとゆういちろう》
発行者　早　川　　浩

＊

印刷所　精文堂印刷株式会社
製本所　大口製本印刷株式会社

＊

発行所　株式会社　早川書房
東京都千代田区神田多町2−2
電話　03-3252-3111（大代表）
振替　00160-3-47799
http://www.hayakawa-online.co.jp
定価はカバーに表示してあります
ISBN978-4-15-209809-2　C0010

Printed and bound in Japan
乱丁・落丁本は小社制作部宛お送り下さい。
送料小社負担にてお取りかえいたします。